Billboard JAPAN Presents

女性たちの声は、ヒットチャートの外に

音楽と生きる女性30名の
“今”と“姿勢”を探るインタビュー集

平井莉生

この本のインタビューは、Billboard JAPANの連載『わたしたちと音楽』より、
2022年9月～2023年9月に掲載された記事を書籍用に再編集したものです

はじめに

「音楽チャートに、ジェンダーギャップがある」
その事実を知っていましたか。
ギャップがあるのは〝問題〟なのでしょうか、
それはどうして?

Billboard JAPANの2022年のチャート内における男女比について、「男性アーティストは58組、女性アーティストは27組、残る15組は混合アーティスト」と聞いたとき、私ははじめ、その問題点に気が付かなかった。「需要に応じた結果なのであれば、仕方がないのでは」とさえ思っていたくらいだ。しかしその偏りは2022年に限らず、毎年ほとんど変わらない（p242のグラフ参照）と聞いて、疑問が生まれた。〝今年はそう〟ということであれば、機会が平等な上での結果が反映されているとも考えられるが、〝毎年〟なのである。素晴らしい女性アーティストはたくさんいるはずなのに、これは何か機会の不平等があるのでは……？

私は１９８９年生まれのシス女性で、音楽が好きだ（詳しくはない）。小学生のときに初めて買ったＣＤはともさかりえの『カプチーノ』で、ほどなくして宇多田ヒカルの『First Love』に夢中になった。父親が「宇多田ヒカルが好きならこれも好きかもよ」とカサンドラ・ウィルソンのＣＤを貸してくれて、こんなにカッコいい歌声の女性がいるのかと胸をときめかせた。同時に、モーニング娘。も好きだった。矢口真里派だった。

そうやって憧れ、勇気付けられたりしながら、私自身が女性の多面性をアーティストから学んできたように、素晴らしい女性たちがいるのにリスナーと出会う機会が損なわれているならば、由々しきことだ。だからこそこの本では、30名の多様な女性たちにインタビューを行った。「チャートに、ジェンダーギャップがある」という事実を伝えてどう感じるのか、性別がアーティストたち、エンタメ業界の方々の活動に影響を与えていることはあるのか。当事者である彼女たちに聞いてみたので、読者の皆さんにもぜひ一緒に考えてみてもらいたい。

CONTENTS

芦澤紀子

Spotify Japan 音楽企画推進統括

『EQUAL Japan』を通して発信しているのは、「現実は変えられる」というメッセージ

PROFILE

Spotify Japan 音楽企画推進統括。ソニーミュージックで洋楽・邦楽の制作やマーケティング、ソニー・インタラクティブエンタテインメント（SIE）で「PlayStation Music」の立ち上げに携わった後、2018年にSpotify Japan入社。

女性をエンパワーメントする、Spotifyの取り組み『EQUAL』

——Spotifyは、音楽分野における女性クリエイターの活動を後押しする『EQUAL』というプロジェクトを世界規模で展開しています。これまでにどんな成果がありましたか？

世界中でさまざまなジャンルを跨いで、これまでに700組の女性アーティストがアンバサダーアーティストとして選出され、関連プレイリストには4000組以上がピックアップされてきました。日本でも2021年に『EQUAL Japan』がスタートしたのですが、日本の女性アーティストをフィーチャーしたプレイリストを展開したり、アンバサダーアーティストを選出するなどして、「現実は変えられる」といったメッセージを発信しています。過去にはCHAIやAwich、詩羽（水曜日のカンパネラ）といった多様な女性アーティストが登場しました。今後はさらにこのプログラム自体の認知を高め、アーティストにも参加する意義を感じていただけるものにしていきたいですね。

——ちなみに、現状 Billboard JAPAN のチャートではジェンダーバランスの不均衡が目立つ結果が出ています。Spotify でもチャートを発表していらっしゃいますが、どんな傾向が見られるでしょうか。

Spotify では、毎年年末にさまざまな年間ランキングを発表しています。ジェンダーバランスの観点で改めて2022年のランキングを読み解くと、『国内で最も再生されたアーティストトップ50』で、女性アーティストはソロとグループ合わせて11組。女性がメインボーカルの男女混成グループを加えても14組という結果でした。『国内で最も再生された楽曲トップ50』を見てみても、女性アーティストの曲は50曲中10曲と、同じような結果に。『EQUAL』がスタートした年にグローバルで発表された比率でも、チャート内の女性アーティストの数は男性の5分の1と言われていたので、世界的にもジェンダーバランスは依然として不均衡と言えるかもしれません。ただグローバルと国内のランキングで大きな違いもありました。グローバルでは『最もシェアされたアーティストトップ5』を見てみると、1位がテイラー・スウィフト、4位がラナ・デル・レイと女性アーティストが上位にランクインしていた一方、日本の場合はJO1、BE:FIRST、BTSのボーイズグループ3組がトップ3で、『最もシェアされた楽曲ランキングトップ10』の全てをこの3組の曲が占めていました。

Spotifyのチャートから見えてくる女性の〝推す力〟

――圧倒的な結果ですね。支持しているリスナーの属性も分かるのですか?

彼らを支持しているのは、大多数が女性リスナーですね。いわゆる〝推し活〟的に楽曲を聴いたりシェアすることで応援しようという機運が、特にコロナ禍で高まりました。実際にこのランキングが発表されたときも、これらのグループの女性ファンたちが喜ぶ声がＳＮＳに多数投稿されていました。Ｋ－ＰＯＰは女性アーティストも多く聴かれていて、リスナーには若い女性も多いです。憶測に過ぎませんが、チャートを見る限り、積極的に応援の意思を表示するというよりは、共感や憧れも含め、「自分のために聴いている」という感覚があるのかもしれませんね。

――Spotify で最も再生された楽曲ランキングやアーティストランキングに関して、日本もグローバルも女性の割合が５分の１程度であるという現状についてはどのように分析されますか？

恐らく、そもそものクリエイターの数にもジェンダーバランスの不均衡はあるのだと思います。テイラー・スウィフトやビリー・アイリッシュなどのスターに憧れて「自分もああなりたい」と志を抱く次の世代のアーティストやクリエイターも多数出てきていますが、この状況を変えていくにはもう少し時間がかかりそうな気がしています。

――音楽、エンタメ業界の制作側のジェンダーバランスについてはどう思

われますか？　Spotifyは、女性社員が多いというお話も伺いました。

実際にSpotifyでも多くの女性が活躍していますし、仕事の現場を見渡すと女性が少ないということは最近はあまり感じてはいないです。一方で、業界のシニアマネジメント層を見てみると依然として男性が多いという印象があり、現場と管理職の間でも乖離があるのではないかと思います。

リスペクトしているのは、時代を読み取って目標を実現する女性

――芦澤さんは憧れの女性像は持っていましたか？

あまり男女を切り分けて考えてこなかったと思いますが、1人の人間として、そのときの状況を判断しながら目標を実現していく女性をリスペク

トしています。例えば、小泉今日子さん。時代の流れと共に変化していきながら、常にトレンドを的確に捉え、やりたいことを切り拓き、かつ自然体でいるしなやかさと強さを感じます。Spotifyでも『ホントのコイズミさん』というオリジナルポッドキャスト番組を発信しています。

——確かに既成の枠組みを飛び越えて、「1人の人間として判断する」という価値観を貫いてきた方でいらっしゃいますよね。ちなみに芦澤さんは、どのようにして音楽業界で働くようになったのでしょう。

小さい頃から音楽が好きだったので、漠然と仕事にしたいとは思っていました。大学時代には海外留学を経験し、ソニーミュージックに入社。洋楽部門でキャリアを積み重ねていくうちに、より制作に近い仕事に興味が湧いてきて、国内レーベルに異動してA&R業務を何年か担当しました。それからソニー・インタラクティブエンタテインメントに出向していたときに、PlayStation Musicとしてデジタルプラットフォームの編成に関わるようになりました。それまでレーベル側の視点しか持っていなかったものが、プラットフォーム側の視点で音楽と関わることになったんです。ちょうど日本でも、音楽を聴くツールがフィジカルからストリーミングサービスへと移行するのではないかと言われ始めた時期でした。時代の変革と共にさまざまな価値観が変わっていく中で、改めて自分は何をやりたいのかを見つめ直したときに、ストリーミングは本当に音楽好きな人に好きな音楽を届けることができると感じて、Spotify への転職を決意したんです。

女性アーティストが世界に向けてメッセージを発信するための力になりたい

——入社前に期待したことに対する手応えを感じていますか?

これまでハードルが高かったグローバルへのリーチも、ストリーミングサービスを活用すれば可能性が出てきます。実際に2022年に藤井風さんの『死ぬのがいいわ』が、Spotify の海外23の国と地域のバイラルチャートで1位を獲得し、世界中に拡散していった事例を見ると、日本の音楽業界にはまだまだたくさんの可能性があるし、未知なる夢を一緒に見ることができるのではないか、と思っています。

——転職された頃は、日本でストリーミングは難しいのではないかなどと言われていた時期かと思いますが、結果として現在ではさまざまなヒットを支えています。今注目している女性アーティストを教えていただけますか？

Rina Sawayamaさんの活躍は目覚しいですよね。多様性についてのメッセージも多くの人に勇気を与えました。2020年には、Spotifyが今後の躍進を期待する新進アーティストを年間を通じてサポートする国内プログラム『RADAR: Early Noise』にも選出させていただいたのですが、今や世界で支持されるスーパースターです。2022年に選出させていただいた春ねむりさんなど、さまざまな角度で自分のメッセージを強く発信するタイプの国内アーティストが日本以上に海外で支持される動きが広がってきています。とても頼もしい状況ですし、このムーブメントを日本にも広げていきたいと思っています。

取材後記

AFTER THE INTERVIEW

No. 01

Spotify のチャートを読み解くと、男性アーティストをチャート上で押し上げる〝女性の力〟が見えてきた。私の周りにも、JO1 や Stray Kids を熱心に推している女性がいる。一方、NewJeans や BLACKPINK、XG のような、女性グループを推す人もいる。つまり、このような推し活の矛先は〝異性の〟アイドルに限られないはずだが、日本の Spotify 視聴ランキング上位 3 位を占める男性アイドルを支えているのが女性ファンだというのもまた事実だ。

私自身には〝推す〟才能がないと長年思ってきたけれど、2023 年の『FUJI ROCK FESTIVAL』の GREEN STAGE（一番大きなステージ）に GEZAN が出演すると知ったときは嬉しかった。私は彼らの演奏はもちろん、発信する強いメッセージにも共感し、もっと多くの人に伝われば良いのにと思っていたから。これもまた〝推す〟ということなんでしょうか……？

芦澤さんのお話によると、チャート内のジェンダーギャップは、日本だけの特徴ではなくグローバルの課題であることも分かる。Billboard の『Women In Music』、Spotify の『EQUAL』は女性アーティストの発信機会を増やす取り組みだ。強いメッセージを放つ女性アーティストたちの声が耳に入る人が増えていったその先には、どんな未来が待っているのだろう。

あっこゴリラ

フェミニストだと公言するのも、私にとって真面目にヒップホップすること

PROFILE

ラッパー。バンドのドラマーとしてデビューし、バンド解散後にラッパーに転身。2017年にはMCバトル大会『CINDERELLA MCBATTLE』で優勝を果たした。2018年に1stフルアルバム『GRRRLISM』を、2022年にはミニアルバム『マグマI』を発売。J-WAVE『SONAR MUSIC』ではメインナビゲーターを務める。

〝女の子〟という枠にはめられることに違和感があった

——これまでさまざまアプローチで〝カテゴライズやバイアスからの開放〟を発信していますが、いつその必要性を感じるようになったのですか？

私自身が音楽を始める前から、〝女の子〟という枠にはめられることに違和感があったんです。中学生の頃に、当時流行っていたドラマ『池袋ウエストゲートパーク』で描かれていた、オーバーサイズのスウェットなどを着ている男性たちを見て、「めっちゃ好き！」と思っていました。恋愛対象としてではなくて、「自分もこんなふうになりたい」という〝好き〟です。あとはアニメ『ルパン三世』も大好きだったのですが、憧れたのは峰不二子ではなくルパン三世のほう。でも当時は、〝女子力〟、〝モテ服〟といったルッキズムが普通にメディアに蔓延している時代。私はファッション雑誌も好きだったのでそういう価値観にも冒されていて、がんじがらめでしたね。

――どうやってその状態から脱することができたのでしょうか。

今も、ぐちゃぐちゃだとは思うんですけれど（笑）。そのときからがんじがらめになっているのと同時に、どこかで「好きにやっちゃえば良いじゃん！」という気持ちがあったんですよ。そんな中、高校1年生くらいのときにライブハウスに通うようになり、あふりらんぽと出会いました。ライブを見て「かっけーー！」と興奮して、なんと言うか、すごく自分にとって〝しっくりきた〟。さらにいろいろな音楽を聴くようになって、スリッツを知ります。アルバム『インスタント・ヒット』は、上半身裸のメンバーが並んでいるジャケットなのですが、求められて脱いでいるのではなく、好きにやっちゃっている感じ。「こっち側の世界もあるんだ」という思いでした。その影響もあってバンドを始めて、ドラムを叩いていました。でもステージで全力で自我を開放している自分については「可愛くないから、彼氏に見られたらフラれちゃうだろうな」とも思っていて……。

ラッパーになり、MCバトルがきっかけで違和感を言語化して発信するように

――まだ混沌とした中にいたのですね。そこからラッパーに転じて、あっこゴリラを名乗るまでにはどんな経緯があったのでしょう。

HAPPY BIRTHDAYというバンドでドラムを叩いていたときに、「もしもバンドが解散して、そのあとも音楽を続けたいのならば、スタジオミュージシャンになるしかないのかな、そんなに器用じゃないな」と思って、ソロでの活動を考え始めたんです。とりあえず、自分が好きなものを確認する作業として、カウンセリングのように声を出すことを始めて、いつの間にかラップをするようになっていました。もともとドラマーですから、自分の気持ちを大きい声で発声するというだけで自分にとってはカウンターだったんですよ。その当時は、〝フィメールラッパー〟と呼ばれる人たちも今よりずっと少なかった。「何で突然ラップ始めたの?」とも聞かれた

けど、自分自身が一番ワケが分かっていなかったですね（笑）。

――そこからジェンダーバイアスやジェンダーギャップを意識するようになったのは、何かきっかけがあったのですか？

それは完全に、MCバトルに出場するようになってからですね。オーディエンスがたくさんいる中で、「枕営業だろ」とか「ブス」とかディスられるわけです。男同士であればディテールを揶揄したバトルになるのに、相手が女というだけで少数派だし、ただ女性であることがフックになってしまう。それに対してアンサーしているうちに、徐々に自分の中にもともと持っていた違和感を言葉にするようになったんですね。でもそのときは、自分のことを「フェミニスト」とは言いたくなかったんです。何の勉強もせずに、フェミニストという言葉に勝手に「イケてないもの」というイメージを持っていました。

フェミニストという言葉に向き合ったら、腑に落ちて公言できるようになった

――今では、ご自身がフェミニストであることを発信されていますね。それまでにどんな気持ちの変化があったのでしょうか。

そうですね、今は自分のことをフェミニストだと思っています。そう認めるまでは、自分の違和感をオリジナルの言語で表現するために『ウルトラジェンダー』という曲や〝GRRRLISM〟という造語を作って表現したりしました。でも、バイアスをかけていたのも中途半端な知識からだったので、一度ちゃんと、その言葉の意味を自分の頭で考えて捉え直す作業をしようと思って。そうしてしっかり向き合ってみたら「私ってフェミニストじゃん」と腑に落ちた。自分の頭で考える、自分になるということが私にとってのヒップホップなので、フェミニストだと公言するようになったことは、自分にとっては真面目にヒップホップした、という感覚なんです。

――フェミニストと公言して、周囲の反応はいかがでしたか？

いろいろな反応がありましたね。「ラップは好きなのに、ヤバい方向にいってるね」と言われたり……知らない人にどう言われようがいいんですけど、近い距離感の人に理解してもらえないのは辛かったですね。だから、超向き合いました！　そうやって伝わった相手もいるし、伝わらなかった相手もいる。けれどここ数年で風向きが大きく変わって、ライブハウスで会う自分より若い世代の人たちの間では、私が『GRRRLISM』で発信していたような内容も「当たり前」という感覚だったりして。もう、受け入れられなかったときのことは正直忘れちゃってますね。でも今だに私の前で、無知に他人のセクシャリティを嘲笑っている人なんかがいると、ガンガン向き合って話しますけど。

当事者じゃない人が頑張らないと世界って変わらない

――一方で、まだ音楽業界では女性比率が少ないのが現状です。

マイノリティがマイノリティでなくなるために大切なのは、当事者じゃない人たちがどう動くかということだと思います。ジェンダーギャップやマイノリティ差別に対して当事者ではない人が「これは間違っている」と発言すると、いきなりうるさい学級委員的な扱いになるみたいな、当事者しか発言しちゃいけないというムードが蔓延しているけれど、そんなことない。当事者じゃない人が頑張らないと、世界って変わらないですよ。

――日本でラップをやっている女性もここ数年でものすごく増えた印象です。

ひと昔前は「フィメールラッパーはこういうキャラ」みたいなステレオ

タイプもあったけど、私はそうじゃないって思っていたんですよ。そして今は、バリエーションがすごく増えた。増えるって面白いことだからね、絶対。増えた先に理想郷があるかどうかは分かんないけれど、バリエーションを増やしていく作業が面白いじゃないですか。

――ご自身が活動をしていくうえで、支えにしていることはありますか？

ライブが一番ケアになってます。コロナ禍でライブが減っていた時期に、生身の感覚の大事さを再認識したんですよね。フェミニストとも言いやすくなったし、若い世代の感覚が変わっているのも事実だけど、根強く変わらない部分があるのも事実。男友達が「生理痛とか、あれって盛ってるでしょ（笑）」っていまだに言ってたりする。「その世界観と、私が生きている今って同じ時代なの⁉」って驚くでしょ。教科書に載る〝令和のジェンダー観〟はもっと進んでいるのかもしれないけど、私は最下層のリアルも知ってる。だからそういうこともリリックでちゃんと伝えていきたい。本当は、こういうインタビューも苦手で（苦笑）。それでも伝えたいことがあるから、音楽で表現しているつもり。だからライブが一番好きですね。

取材後記

AFTER THE INTERVIEW

No.02

「フェミニストについて知るまでは、ちょっとダサいって思ってた」。あっこゴリラさんはそう言った。フェミニストであると公言するに至るまでには戸惑いや葛藤があったのだそうだ。その発言に強く共感した。

あるとき男性編集者に「平井さんはフェミ度もちょうど良いから」と言われて、ハッとしたことがある。ある意味それは、当時の自分の思惑通りだった。自分の発言で男性誌の現場をギョッとさせたくなかったし、「あいつフェミニストなんだって」と後ろ指を指されるのも嫌だった。だから空気を読んだ自己主張を心掛け、己の〝フェミ度〟を隠してやり過ごしていた。でも、それで良かったんだっけ？　何で、後ろ指を指されそうだと思ってしまうのだろう？　性差別をなくし、自分の体と心の決定権を主張するのは恥ずかしいことなんかじゃないはずだ。

アカデミックじゃなくてもいい。一般的な〝正解〟じゃなくていい。自分と向き合ってリリックを綴り、感情を爆発させてラップするあっこゴリラさんの姿を目にすれば、フェミニストにまつわるいろいろなノイズが吹き飛ぶだろう。

音楽制作にも影響を与えた
妊娠・出産の経験は、私にとっては
ギフトのようなものだった

UA

PROFILE

ミュージシャン。1995年にデビュー。『情熱』、『ミルクティー』を始め数々のヒット曲を世に放ち、浅井健一とのバンド・AJICOや菊地成孔とのコラボ作品もリリース。2003年放送の『ドレミノテレビ』（NHK Eテレ）には、“うたのおねえさん”としてレギュラー出演し、翌年リリースした童謡・愛唱歌集『うたううあ』はロングセールスに。映画『水の女』『大日本人』『eatrip』にも出演した。現在はカナダで生活しながら、音楽活動やエッセイの連載など幅広く活躍している。

夢を見せてくれた、ステージ上の憧れの女性たち

――UAさんが幼少期に憧れていた女性像を教えてください。

テレビに出ている人はたくさん見ていたけれど、幼い頃はもっと身近な存在……例えば、いっとき私の面倒を見てくれていた叔母のような人に憧れていました。面白くってチャーミングで、そんな彼女の存在に救われていましたね。アーティストとして最初にファンになったのは、アレサ・フランクリンやジャニス・ジョプリン。アレサのことは10代の頃に知って、その歌声にメロメロになり、レコードを買い集めていました。当時はまだ情報が簡単に手に入るような時代ではなかったので、彼女がどんな人生を送ってきたかは全く知らないままに、歌声や歌唱力に強く惹かれて憧れましたね。ジャニスは、大きなフェスで歌っている映像を映画館で観て知ったんです。私は雷に打たれたような衝撃を受けて、その場で号泣してしま

いました。彼女たちを見ていたら、世の中にはステージに立って歌う人とそれを見る人の2種類がいると思い知り、「できるならば、自分はステージの上に立って歌えるようになりたい」と思うようになりました。そういったファン心理は私にもあるのですが、どこかで「本当のこの人を知っているわけじゃない」とも思っているんです。だからファンではあるけれど、パーソナリティに100％憧れを持っていると言い切れる人は実はいないなと長い間思っています。

――では具体的な人物ではなくとも、UAさん自身の理想の女性像はあるのでしょうか。

人は脆くて日々移ろいやすいし、現実世界に完璧な人なんていない。だからこそ〝受け止める力〟や〝聞く力〟を備えていて、それを楽しんでいるような人に出会うと私まで心が安らぎます。なので、憧れるのはそういう女性かな。家族や友人といる自分と、表現をしているUAとは、向かっていく方向も異なるので、個人として目指す女性像と、UAとして憧れる女性像とは、もしかしたらちょっと違うのかもしれないですね。

家庭でのUAとステージに立つUA
両A面の生き方

——家庭のUAさんとステージに立つUAさんの向かう方向が異なる、というのは興味深いお話ですね。

そのバランスが上手く取れている状態ってどんなふうなんだろうって、自分もこの27、8年かけてずっと向き合ってきたわけなんですけど、今もなおその取り組みの最中という感じがします。

——10代の頃にアレサ・フランクリンやジャニス・ジョプリンに憧れて、そこからデビューして〝ステージに立って歌う側〟になり、ヒットシングル『情熱』が発売されたのが1996年です。その翌年に長男の村上虹郎さんを出産しています。さらに2000年には浅井健一さんとAJICOを結成するなど、タイムラインを見るといろいろなことが起きた時期だった

のではないかと思うのですが、妊娠や出産は活動にどう影響しましたか？

振り返ると激動の時代ですね（笑）。まあそうは言っても、私はけっこうしっかりと休暇を取ることを主張する人間で、アルバムを作ってツアーを回ったあとはきちんと休みを取らせてもらっていたんです。やり続けると破裂しそうになるのは最初から分かっていた。虹郎の出産のときはまだ若かったので、3カ月くらいでボチボチ仕事に戻っていたと思うのですが……自分自身が〝新しい命〟というものすごくピュアな、美しく、清らかなものを目の当たりにして……また、当時は凄惨な事件があった時代で、急速に世界が変わっていっている気がしていたんですね。出産前のシングルが『甘い運命』で、「スウィートな運命に任せていたい」と歌った曲だったのですが、産後はディストピアな世界を生々しく歌いたくなって、『悲しみジョニー』ができました。妊娠・出産の経験やそのために使えた時間は、私にとってはギフトのようなものでしたね。1人目の子供だったので、子育ては本当に大変でした。虹郎には迷惑かけたな、と今では謝りたいようなこともあります。いずれにしても、自分も子供のまま、親になる練習をさせてもらっていたような体験でしたね。

妊娠・出産を経験して、作る音楽ががらりと変わった

――妊娠・出産でキャリアが途絶えてしまうのをネガティブに捉えられることもありますが、UAさんの場合、〝ギフト〟としてキャリアにプラスに働いたというのはすごく素敵ですね。そのほかにも、〝女性であること〟はUAさんにどんな影響を与えましたか？

私は「生まれ変わっても女がいいな」と思っているタイプなんです。今だって、女だからこそ歌えている気さえします。なったことがないから分からないけれど、もしも男に生まれていたら歌っていなかったかもしれない。それくらい男性は自分にとって未知な存在で、パートナーからも、いつも何かしらテーマを受け取っています。

――そんなUAさんが、男の子を産み、育ててきた中で発見は？

私には子供が4名いて、1人は女の子、あとの3人は男の子なんです。でも男の子だからと言って、「男の子なんだから」「お兄ちゃんなんだから」という理不尽なことは言わないようにしていて、性別よりも、〝人として〟どうしたら良いかと伝えるようにしています。ただ、女の子に対しては特別な共感もあると思います。

――先ほど、「自分は女性だから歌っている」というお話もありましたが、逆にアーティストとして「女性だからやりづらい」、それ以外の部分で「女性だから生きづらい」と思うようなことは？

私、全くないんです。何でだろう……でも、そう思ったことは一度もないですね。アーティストとして私はすごく恵まれているのだと思います。ろくに〝アマチュア時代〟もなく、音楽に本格的に携わるのとデビューをするのが同時だったような状態だったので、全てが分からなかった。だから毎回、作品を作ることに必死でした。プレッシャーもあって、いつも緊張していたし、でもそれに向き合って克服して、また次の真っ白い紙を目の前に広げて歌を作って……今振り返ってみても、そうするしかなかったな。でも、歩んできた道のりは1つも間違っていなかったように思えますね。

女性にとって妊娠・出産がマイナスにならないようなサポートが必要

——2022年のBillboard JAPANのチャートでは、年間100位中58組が男性で、27組が女性、15組が男女混合のグループという結果でした。国内にも素晴らしい女性アーティストはたくさんいると思うのですが、この結果をどうお考えになりますか？

この結果は、女性アーティストの力が足りないのではなく、〝異性を推す〟女性のパワーが強かったとも読み取れるかもしれないですね。周りを見ていても、世代を超えて〝推し〟をサポートする力が強い女性って、多い気がします。

――そう考えることもできますね。ここまでを踏まえて、音楽業界やエンタメの業界で、より女性が活躍しやすくなるために必要なことは何でしょう？

音楽業界に限ったことではないけれど、男女それぞれの体の機能は今のところ変えられないですよね。人生は選べることがあるけれど、自分の持っている体の機能は選べないし、簡単には変えられない。キャリアによって「子供を産むのをやめよう」という選択肢が浮上してしまうのは、国が子供を産み育てる期間のサポートや保証が不十分だからだと思うんです。私自身が出産や妊娠を経験できて良かったと思っているからこそ、女性たちが産む選択についてもっとポジティブになれるような環境が整うと良いのにと思います。妊娠・出産＝キャリアが途絶える、と考えるのではなく、その経験をしながら次のステップに進めるような制度があると良いですよね。これは、音楽業界ではなく、国の問題なのではないでしょうか。

取材後記

AFTER THE INTERVIEW

No. 03

もう10年以上前の話だ。妊娠・出産が突然発覚した同業の女友達に「私は女の幸せを選ぶことにしちゃったけど、あなたは仕事の夢を叶えてね」と言われた。当時すでに〝女の幸せ〟は死語になりかけていたけれど、それでもあえて私に投げかけられたその言葉からは、「20代前半で、志半ばでやりたかった仕事を諦めなくてはならない」という彼女の悔しさのようなものが滲んでいた。真意は定かではないけれど、私はそう感じたのだ。

４人の子供たちの母であるUAさんは、「妊娠・出産の経験と時間はギフトだった」と言い切った。そのギフトは、彼女の作る音楽にも影響を与えた。UAさんのようなアーティストに限らず、ほかの職種でも、妊娠・出産の経験がキャリアにとってプラスに働くことは数多くあるに違いない。

子供を持つという経験を〝ギフト〟と捉えられるか否かは、その人を取り巻く環境や社会によっても大きく左右されるだろう。リプロダクティブ・ヘルス／ライツ（子供を産む・産まないを含め、自らの身体・生殖の権利はその人自身にあること）を前提とした上で、産むことを選択をした人にはしかるべきサポートがあること。UAさんが言う通り、女性のキャリアの話をするときに妊娠・出産のネガティブな面がフォーカスされる背景には、サポートが足りていない現実を感じる。ちなみに前述の彼女はその後、仕事に復帰。彼女が仕事の夢も叶えられているといいなと心から思う。

eill

パワフルなメッセージを発信する

自立したディーバが私のお手本

ヘア&メイクアップ：Chika Ueno　スタイリスト：Ai Suganuma（TRON）　ジャケット¥165,000、ドレス¥58,300（共にディーゼル／ディーゼル ジャパン　0120-55-1978）その他 スタイリスト私物

PROFILE

シンガーソングライター。ブラックミュージックを下地にした音楽性と、シルキーかつソウルフルな歌声が魅力。K-POPをはじめ、テヨン（ex. 少女時代）、EXIDなど幅広いアーティストへ楽曲を提供している。またSKY-HI、Pink Sweat$など、国内外のアーティストの楽曲に客演として参加。2021年にテレビアニメ『東京リベンジャーズ』のエンディング主題歌『ここで息をして』でメジャーデビュー。

シャイな少女が音楽と出会って、自分の意見を持つ強さを得た

――eillさんは、どういう幼少期を過ごしてきたのですか？

授業中に先生に指名されたら顔を真っ赤にして俯いてしまうような、とてもシャイな子供でした。それが小学6年生のとき、KARAのパフォーマンスをテレビで見てガラッと変わったんです。それまで私が抱いていたアイドル像を覆すような媚びない衣装やヘアメイクで、自分の意思を力強く歌っている姿が衝撃的で。「この人たちみたいに、自分で自分の人生を切り拓いていきたい！」と生き方にまで影響を受けてしまいました。

――歌やファッションに影響を受けただけでなく、その姿勢や在り方も衝撃だったんですね。KARAとの出会いは、eillさんにどんな変化をもたらしましたか？

まず、「歌手になりたい」と思うようになりました。それもK－POPの世界に憧れて、学校の授業そっちのけで韓国語や歌やピアノの勉強に夢中になっていましたね。負けず嫌いでもあったから、ハマるととことん頑張りたくて……それが行き過ぎて、授業中にこっそり韓国語の参考書を開いていたのが見つかって、先生に叱られたときに韓国語で反抗してしまったこともあるんです（笑）。私があまりに必死に頑張っているので、最終的には先生たちも応援してくれました。

――そうして実際に、歌手になる夢を叶えられたのはすごいことですね。その影にはどんな努力があったのでしょう。

歌も、下手だったんですよ。１つずつ音程を取るところからスタートして……そういうことを積み重ねて今があります。とにかく自分と向き合い、足りないものをリストアップして努力して埋めていきました。自分を一番理解してあげられるのは自分だから、きちんと内面と向き合って心と会話をする。何か失敗したりダメな部分があったとしても、それをちゃんと受け入れて、好きなサウナに行ったり好きなごはんを食べに行ったりして自分の機嫌を取りながら、次に進む。ここ1年くらいで、やっとそれができるようになってきました。

自分と向き合い歌詞を書くことで、自分自身を救ってきた

――そういう自分なりの立ち直り方を見つけるまでは、落ち込んだときはどうしていたのですか？

どん底まで落ち込んでいましたよ。歌詞や曲が書けないときには昼夜問わず意識が朦朧として、追い詰められる悪夢を見ているような状態に陥っていました。でもそうやって自分を削って生まれた歌詞や楽曲はそのときにしか生まれないし、そっと抱きしめたくなるようなリアルな物に仕上が

っていたりするんです。今思えば、そうして苦しんでいた頃の自分に、今の私から「そのままでいいんだよ」って言ってあげたいです。

――eill さんはご自身で作詞をしていますが、歌詞を書く行為は eill さんご自身にどんな作用があるのですか？

私にとって歌詞って、〝eill が eill でいるための衣装〟のようなものかもしれないですね。私は人生について歌うことが多いのですが、「こういう私になりたい」という気持ちを持って歌詞を書いている気がしているんです。最初から強い人は、きっと「強くなりたい」とは歌わないでしょう。歌詞を書くことは私にとって自分と会話を重ねる作業だから、弱い部分が顔を出すこともあります。だからこそ「こういう私になりたい」という気持ちが言葉になって、歌うことで自分自身が勇気付けられています。自分を愛せなかった少女の頃の私は、音楽と出会って自分が生きている意味を知りました。だから今は、少女の頃の私と同じような気持ちで過ごしている人に、少しでも光を届けたくて歌っているのだとも思います。

パフォーマンスを通して感じた〝強そうな女〟が受け入れられない現状

――人生を自分らしく彩ろうという人生讃歌の『palette』や、若い女性だからという理由でみくびられることに対しての心境を歌った『ただのギャル』など、eillさんの楽曲から勇気をもらっている若い女性はたくさんいると思います。eillさんご自身は、女性であることが自分の人生や音楽活動にどんな影響を及ぼしていると思いますか？

『ただのギャル』で歌ったように、それこそ昔は曲や歌詞を自分で作っていないと思われて軽んじられた経験がたくさんあったんですよ。女性でシンガーソングライターという生き方をしていると、ともすると着せ替え人形のように扱われてしまうこともあるのが現実。でも幸い今の私のチームは、そのような扱いから、私を守ろうとしてくれる。私の意思を尊重して一緒に歩んでくれるので、とてもありがたく思っています。一方で、セットアップの衣装を着て拡声器を持ってパフォーマンスをしているだけで、オーディエンスから「そういう強そうな女は受け付けない」とコメントされるようなこともあるんです。

――それだけで敬遠されるなんて、コメントしてきた方はアレルギーが強いですね。ただこの連載の中でも、チャート内にジェンダーギャップが生まれる理由の1つとして、「主張の強い女性は受け入れられないのでは」という仮説がたびたび話題に上がりました。

日本ではまだ、自我が強そうな女性は敬遠されて、自信のなさそうな女性が可愛いとされたり、女性が何か発言するとダサい、怖いと受け取られる風潮がありますよね。最近、アメリカの #MeToo 運動を描いた映画『SHE SAID／シー・セッド その名を暴け』を観たのですが、2017年の事件が「いまだにこんなことが起きている」というトーンで描かれているのに、日本は2023年の時点で、それよりもさらに遅れているんじゃないかと思いました。私が観に行った回は観客も少なかったんですよ。みんなにもっと知ってほしい作品ですね。

社会に対して感じていることを、もっとポップに伝えていきたい

――確かに、多くの人に観てもらいたいですよね。当事者ではない人こそ、現実に起こっていることに目をむけるべきだと思いますし。ただ当事者でも、当事者意識が薄い場合もありますから、周りができることもまだあるはずですが……。

そうなんですよ。私の身の回りには、シングルマザーになって苦労している友人もいます。でもその中には、現状の国や自治体の対策に納得していなくても、選挙に行っていないという人もいたりして……だから「まずは選挙に行って、自分の意見を伝えていかなくちゃ」と1人ひとりに話しています。女性が妊娠や出産によって何かを諦めるのではなく、ポジティブに捉えられるような仕組みが機能するように、社会が変わってほしいです。

――社会を変えるために、音楽を通してどんなことができると思いますか？

そのためには、#MeToo運動のように自分が思ってることを発信したり、同じ悩みを持っている仲間と一緒にアクションを起こしてみたり、もっとポップに、楽しく、「ウチらで一緒にアゲていこうよ！」というヴァイブスで伝えていけたらと思っています。

――歌を通してメッセージを伝えることはもちろん、身の回りの友人にも直接働きかけていらっしゃるんですね。そういう友人の方々と同じ地元で育っているにもかかわらず、社会課題に対する考え方にそれだけギャップがあるのはどうしてだと思いますか？

それは、私が音楽に出会ったからだと思います。KARAや同時代に憧れたビヨンセなど、自立した存在としてパワフルなメッセージを発信しているディーバが私のお手本でした。だから私自身も、音楽を通して勇気を与えられるような存在でありたいと思っているんです。

取材後記

AFTER THE INTERVIEW

No.04

授業中に指名されて赤面していたシャイな少女が、KARA と出会って開眼させられ、周りの人々をエンパワーメントする歌手になった。歌手になる夢を叶えた今も、eill さんは「こういう私になりたい」という理想を描き、それを歌うことで自分自身の力としている。

今はスマホを通してさまざまな世界の扉を開けられる。そこで出会う理想は、現実とはほど遠いかもしれない。「自分が主張することを我慢したくない」と思っても、好きな人が「控えめな子が好き」と言えば（そんなこと言う人やめちゃえばいいと思うけど）、気持ちが揺らいだりすることもあるだろう。友達が「政治の話、ダルいよね」と言えば、自分の意見は置いておいて、曖昧に話を合わせたりするかもしれない。

でも、eill さんが自分の理想を歌うことで自身に変化を起こしているように、〝理想〟には、現実を変える力がある。「主張が強い女性は嫌われる」という説が本当だとしても、そんなものはどんどん無視して、言いたいことを言う女性が増えていけばいい。世間にそれに慣れてもらわないと、いつまでもジェンダーバイアスはなくならない。

インディペンデントに活動しているからこそ、自分の責任で発言の取捨選択ができる

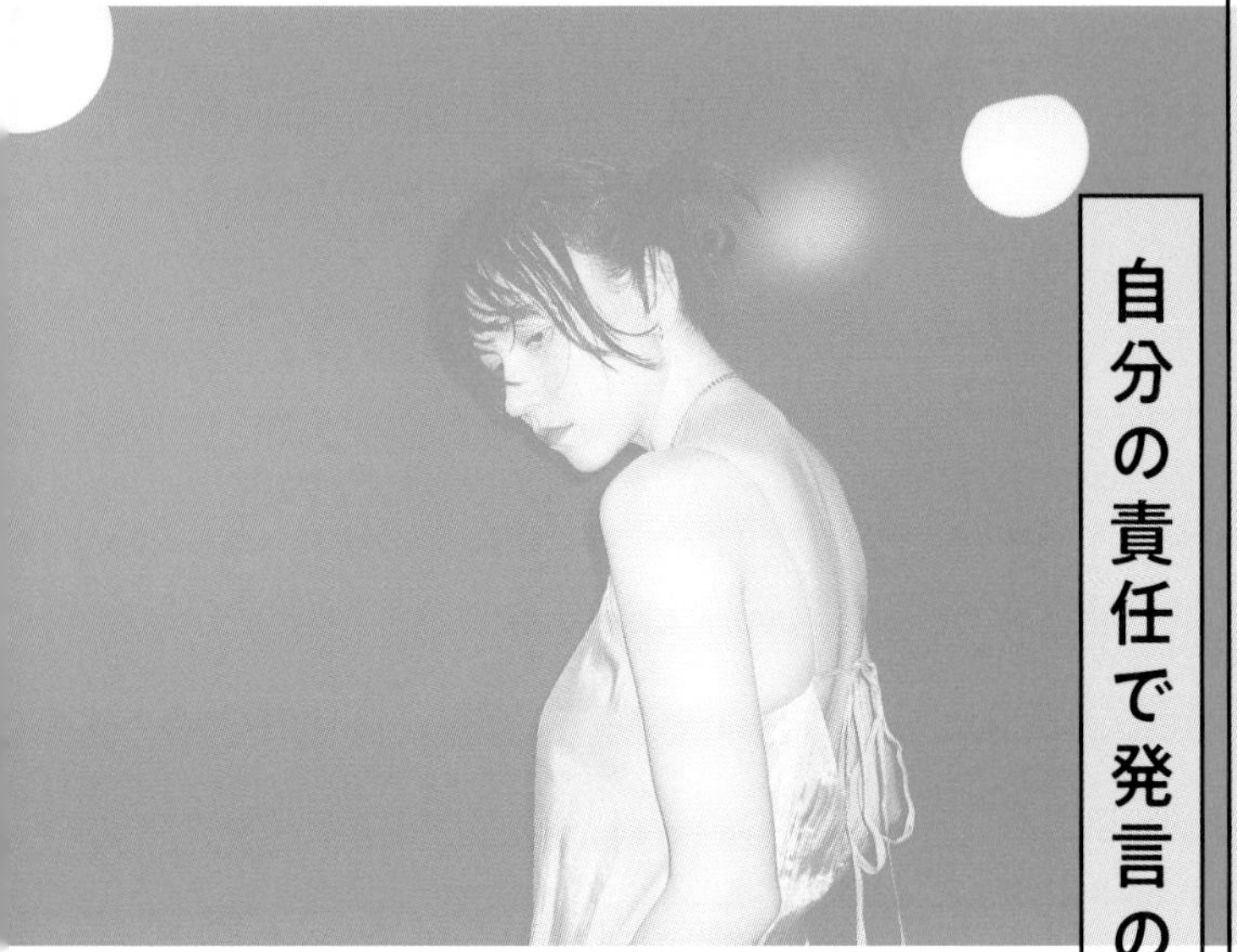

ermhoi

PROFILE

トラックメーカー、シンガー。日本とアイルランド双方にルーツを持ち、独自のセンスでさまざまな世界を表現する。2015年に1stアルバム『Junior Refugee』をリリース。2018年に小林うてな、ジュリア・ショートリードと共にBlack Boboiを結成。映像作品やテレビCMへの楽曲提供、ほかのアーティストのサポートワークなど、ジャンルやスタイルに縛られず幅広く活動を続けている。

何をカッコいいと思うか、価値観は常に変化している

――幼少期から音楽が好きでミュージシャンになったそうですが、ロールモデルになるような憧れの女性はいましたか？

これまであまり憧れの女性像を意識したことはなかったのですが、好きになるキャラクターは映画『レオン』のマチルダや『アメリ』のアメリなど、自立心のある強くて個性的な女性が多かった気がします。でもそんな彼女たちをロールモデルとしてきたわけではなく、単純に「カッコいいな」と感じていました。それが最近、音楽家の石橋英子さんと同じ現場で過ごす機会が何度か重なり、初めて「憧れの女性が見つかった！」という気持ちを抱いたんです。誰に対しても〝女性として〟という視点で考えたことはないけれど、石橋さんは作品も素晴らしく、人とのコミュニケーションの取り方がカッコいいと思う人です。

――女性アーティストの音楽を通して、ご自身がエンパワーメントされることはありますか？

作品に惹かれる女性アーティストはたくさんいます。ジョニ・ミッチェルは、昔からずっと好きですね。最近はリド・ピミエンタというコロンビア出身のアーティストにも注目しています。パフォーマンスも魅力的で、クィアであることや、自分自身のルーツについて、また政治の問題に関しても発信していてハッとさせられます。

――何をカッコいいと思うかの価値観は、年々変化しているのでしょうか。

価値観って毎秒変わっているんじゃないかと思うくらい、長い間貫くのは難しいですよね。特に私は常に思考がグルグルしてしまうタイプで、〝モットー〟があるわけでもない。その都度、「いいな」と思うものを選択してきたように思います。

〝よそ者〟である自分に慣れていて、気が付いていなかったこと

――女性であることが活動に影響を及ぼしている点はありますか？

そもそも私がやっている音楽そのものが、近いことをやっている人が少ないカテゴリーで、さらにジャンルをクロスオーバーして活動しているので、性差以上にいつも〝よそ者であること〟を意識させられてきました。だから、自分自身が女性であることを意識する機会はそこまでなかったかもしれません。ただあるとき、〝宅録女子〟とカテゴライズされて、そのときには「宅録はあくまで表現のための手法であって、宅録女子として活動しているわけじゃないのにな」と、違和感がありましたね。分かりやすくするためか、男性中心のジャンルの中でマイノリティの女性が見つかると「〇〇女子」と揶揄する時期がありましたが、あまり居心地の良いものではありませんでした。あとは〝女性シンガーソングライター〟とカテゴ

ライズされた人の苦労もよく耳に入ってきます。ファンの男性から上から目線で批評され、求めていないアドバイスを投げかけられるという〝マンスプレイニング〟が頻発しているようです。

――ダンスミュージックの現場、例えばクラブや音楽フェスティバルなどでも、セクハラなどが問題になりましたね。

私もリスナーとしてイベントに参加したときに不自由さを感じることはあります。出会いを求めてクラブに来る人の動機は否定しないけれど、自分は音楽を聴きたくてその場にいるのに、必要以上に声をかけてくる人がいたりして……私は本来そんなにアクティブに外出するタイプではないので、頑張って出かけて嫌な思いをすると「来なきゃ良かった」と思ってしまいます。また、自分自身は経験はないのですが、性被害の話も聞きますし、音楽を享受する機会が不平等になるのはとても残念ですよね。一方で、最近は「セーフティなパーティを作ろう」という主催者や出演者の意気込みが感じられる機会も増えました。出演者の男女比も平等にする動きもあるので、良い方向に向かっていると期待したいですね。

価値観の違いを全ての人と共有するには、まだハードルがある

——ermhoiさん自身も、カテゴライズされにくい音楽家の場作りのために、2018年にBlack Boboiを結成されています。改めて伺いたいのですが、このプロジェクトはどういった経緯でスタートさせたのでしょうか。

私自身、男性が多い現場に女性1人という環境に慣れてしまっていたのですが、小林うてなやジュリア・ショートリードと出会っていろいろな話をするようになり、「自分らしくいられていないときがあるんじゃないか」と気が付きました。周りに女性差別的な人がいたわけではないけれど、やはりマイノリティにはなりますから、価値観の違いを感じたり、ホモソーシャル的なノリに居心地の悪さを感じることもあったんですね。そういう気持ちを分かち合えるメンバーとコミュニティを作りたい、応援し合いたいと思って、Black Boboiをスタートさせました。

――Billboard JAPAN のチャートを見るとチャート上にはジェンダーギャップがあり、そのギャップはここ数年でも解消されていないのが現状です。その状況を是正していくために必要なことは何だと思いますか？

チャート上にそんなにジェンダーギャップがあるということは、今回初めて知りました。チャートだけじゃなく、海外と比べて日本がジェンダーギャップが大きいのはさまざまな数字で明かされていますよね。それなのに、女性と男性で賃金格差があることを理解しているかどうかのアンケートで、男性の認知が低いことを知り驚いてしまいました。そういう事実を周知するところから共感も生まれるはずなので、現実を知ってもらうというのが大切なのではないでしょうか。しかし、男女間の話だけでなく社会課題についても含めて、発言するのも難しい時代です。私自身、SNSなどでの発言にもかなり気を遣うようになりました。

――確かに、ジェンダーや政治の話に過剰反応する人はいますよね。

日本では、何か問題に対して女性が主張をすると「ヒステリックなフェミニスト」と評されて封じ込められてしまう傾向があると感じます。だから女性同士では問題を共有し合えるけれど、男性に対して共有する機会はあまりないような……。私のパートナーはオーストラリア人で、彼が育ってきた環境について聞くと男女平等がナチュラルに浸透しているのを感じますし、それもあってか私にとっては安心して話ができる相手です。あとは若い世代も、フラットな目線を持っている人が多い印象を受けますね。

迷いながら、音楽を通してできることを少しずつ見つけている

──男女間の不平等や問題について、話しやすい相手とそうでない相手がいるということですね。

そうですね、気にし過ぎてガチガチになって言葉を選び過ぎてしまったり……この取材も、受けるかどうか少し悩んだんです。でも、私自身が人から聞いた話だとしても、私を通して皆さんに伝えられることがあるかもしれないと考えました。発言を控えていたときには、考えること自体をお休みしていた期間もあります。休む時期も必要でしたが、何かに気が付いてそれを人に伝えたくなったら、また考え始めますよね。考え始めると、思考停止している時間がもったいなかったなと思ってしまいます。

――自分が健やかでいられる状態を探っていくしかないですよね。動いていたほうが、精神衛生上、良いときもあるとは思います。

以前、北九州を中心に生活困窮者支援をしている非営利団体〝抱樸〟の活動を見学して、クラウドファンディングのライブに出演させてもらう機会がありました。そこで、私はプロテストミュージシャンとして活動しているわけじゃないけれど、音楽を通して別の問題に光を当てることもできるんだなと思えた。インディペンデントに活動しているからこそ、自分の責任で発言するかしないかの取捨選択もできているのも感じています。

取材後記

AFTER THE INTERVIEW

No. 05

このインタビューの当時（2022年11月）にも、すでにクラブでのセクハラは問題視されていて、イベント主催者側やクラブ側は対策を急いでいた。そんな中、2023年の８月、野外音楽フェスティバルで観客がパフォーマンス中の女性DJの体に触るという性加害事件が起きてしまう。さらに「セクシーな格好をしていたからだ」「セキュリティが甘かった」といった女性DJへのセカンドレイプも止まらず、「他人の体に許可なく触れてはいけない」という基本的な人権意識がこれほどまで希薄な人たちがいるのか、と驚かされた。

ライブ会場やクラブ、野外パーティも含めて、音楽に没頭する体験は素晴らしいものだと思う。その場を共有する人々と交わす視線や言葉も、楽しみの１つだろう。ただ、そこに自分や周りの女性を性的に搾取しようとする人の気配を感じると、それが些細なものだったとしても、楽しい時間は即座に〝警戒ムード〟に切り替わるのだ。

ermhoiさんは、自身が「話しやすい相手とそうじゃない相手がいる」というほどの壁を意識しながらも、自らコミュニティ作りをしたり、自分ができることを探し続けてきた。今、クラブのトイレには「しつこいナンパに困ったらスタッフに声をかけてください」という張り紙が貼ってあったりする。そんな壁紙が不要になれば一番良いが、その日が来るまでは、自分自身が誰かにとっての〝話しやすい人〟でありたいと、取材を通して改めて思った。

きゃりーぱみゅぱみゅ

〝奇抜な服装と名前の女性〟という個性がいつの間にか自分の表現の強みに

Photo by Yu Inohara

PROFILE

アーティスト。2011年8月、中田ヤスタカプロデュースによるミニアルバム『もしもし原宿』でメジャーデビュー。2020年には、レディー・ガガが国際女性デーを祝してセレクトしたプレイリスト『ウーマン・オブ・チョイス』に選出された。2022年の『コーチェラ・フェスティバル』では、GOBIステージのトリを飾った。これまでに4度のワールドツアーを成功させ、2023年にもヨーロッパ・アメリカの7都市を回るワールドツアーを開催した。

枠からはみ出してみて自分の武器を見つけた

——幼少期に憧れていた女性像を教えてください。

最初に憧れたのは幼稚園の先生だと思います。20代前半くらいだったのだと思うのですが、幼い私からすると先生は明るくて優しくてピアノも弾けて工作もできる完璧な女性でした。身近にいてくれる母親の偉大さに気が付いたのは、もう少し大きくなってからでしたね。特に、18歳で一人暮らしを始めてからは家族が過ごしやすいように母が心を配っていろんなことをやってくれていたのだなと思うようになりました。

——きゃりーさん自身は、どんな子供だったのですか？

もともとはシャイで内気な性格で、流されやすくもありました。高校入学まではファッションにもあまり興味がなくて、高校に入学してからも友達がSHIBUYA109に行くのについていって、「このワンピース可愛いからお揃いにしよう!」と言われれば何となく流されて買ってしまうような……でもそうやって遊ぶようになったある日の帰り道に、原宿のショップに並んだお洋服を見て「可愛い!」と思ったんです。まるでビビ!と稲妻が走ったような衝撃でした。そうして原宿系のファッションに目覚めて、どんどん派手になっていった。好きな洋服を着て街に出かけるのがすごく楽しくて、自分の居場所を見つけられたような気がしたんです。

――シャイで内気な子が派手なファッションに身を包むことは勇気が要りそうですが、ハードルは感じなかったのでしょうか。

学校でみんなの前で何かを発表して注目を集めてしまうのはとても苦手だったのですが、街で知らない人に自分のファッションを見られるのはむしろ嬉しかったんです。ピエロのようなメイクもしていたし、クスクス笑われるようなことがあっても、「これが私です!」と胸を張れる気持ちでしたね。好きなファッションに身を包んでいるのが自分自身だし、それを貫いて生きていきたいとそのときに思うようになりました。それがきゃりーぱみゅぱみゅとしてデビューしたあとにも続いているんです。

アーティストとして表現することでコンプレックスが武器に

――高校生のときなどは特に周囲の目が気になったり、〝女性らしさ〟のような固定概念に囚われてしまう人も多いと思いますが、それらから自分を開放できたのはどうしてだと思いますか？

当時はみんなが読んでいる雑誌もあったし、分かりやすく「モテファッションはこれ！」というロールモデルがある時代でしたから、私自身も「こういうファッションをして、こういう髪型をすればモテるんだろうな」ということは何となく分かっていたと思います。それが似合っていたらそうしていたかもしれないですけれど、私には似合わないと思っていたんですよね。何かしらコンプレックスがあって、奇抜なファッションや派手な色合いに身を包むことによってそれを隠したり自分を強く見せていたりしたのだと思います。デビューしてからは特に、その枠組みからはみ出した部分を褒めてもらえるようになって嬉しかったです。

――きゃりーさんのように、自分が好きなファッションに身を包むことに躊躇してしまう人もいると思いますが、何か伝えるとしたら？

「きゃりーちゃんみたいなファッションに興味があるけれど、自分には無理だから見ているだけで満足です」と言われたことがあるのですが、「ぜひ1回やってみて！」と思っています。私が好きな言葉は、林真理子さんの「やってしまったことの後悔は日々小さくなるが、やらなかったことの後悔は日々大きくなる」（『野心のすすめ』）というもの。失敗しても良いからまずはやってみたいことをやってみてほしい。私自身が、去年その言葉に助けられたことがありました。２０２２年に『コーチェラ・フェスティバル』に出演したとき、２週目に一緒に出演するはずだったダンサーの

4人中3人が体調不良でダウンしてしまって……スタッフが気を遣って「出演キャンセルする?」と提案してくれたのですが、1人でやってみることにしたんです。それまで絶対に不可能と思っていたけれど、挑戦してみたらマリオのスーパースター状態のようになってどうにかなりました。それで「どうして今までやってみなかったんだろう」と思ったんです。自分自身で、自分の可能性を狭めていたことに気が付いたんですね。自分で「無理だ」と決めつけていても実際にやってみたらできちゃうことって案外たくさんあるかもしれないから、みんなにもぜひ挑戦してみてほしい。

プライベートで支えてくれる人と出会い、自分らしい働き方と向き合う勇気を得た

――プライベートでは2023年3月にご結婚され、ライフステージの新たな扉を開かれました。活動に何か影響があるかお聞きしたいのですが。

この業界は、華やかな一面とそれ以外の部分のギャップがある世界だと思います。大きなステージでライブをやらせてもらったあとにも1人で部屋の隅でファーストフードを食べていたりしますからね（笑）。そんな世界だからこそ人と人が支え合うことが大切だと思っているので、支え合う相手がいるのは心強いですね。まだどうなるかわからないけれど、出産についても考えたことはあります。やはり女性は休養期間が必要ですし、出産によって生まれるブランクに恐怖を感じる同業者の話もよく聞きます。「自分が休んでいる間にそれまで座っていた椅子に座れなくなってしまうのではないか」、と。でも自分がいざ結婚したら、それも受け入れてきちんと向き合っていきたいなと思うようになりました。

――妊娠・出産によってキャリアが中断する期間は、女性にとっては大きな出来事ですよね。ほかに女性であることが何かご自身の選択に影響を及ぼしたことはありますか？

私が高校生くらいのときには、女性の政治家は今よりもっと少なかったように思いますし、校長先生や学年主任のような学校で決定権を持っている人も女性はあまりいなかったように思います。そのときから比べると今はいろいろなことが変わってきていて、生きやすい世の中になってきているのを感じます。一方で、今でも音楽フェスなどの複数アーティストが出演する現場でも、女性アーティストが私だけということもたまにあって、どうしてだろうと不思議に思っていました。

新しい価値観を持つ人が決定権を持てば世界は変わる

あとは、デビュー当時は悔しいことも多かったです。「若い女性だから」というのに加えて、奇抜なアーティスト名とファッションだからか、〝不思議ちゃん〟的なキャラクターを押し付けられたりして……インタビューでの発言も全てタメ口に書き換えられていたり、「きゃりーが登場するや否や飴を投げつけてきた」と書かれたり（笑）。あとは現場でクライアントに挨拶するような場でも、目も合わせてもらえないようなこともありました。そういった経験をしてきたからこそ、その頃に優しくしてくれた人のことはずっと覚えているし、私自身は現場でどんな人にも分け隔てなく接するようにしたいと思っています。

――ジェンダーやファッションによって、リスペクトのない対応をされるのは許しがたいことですね。音楽業界やエンタメの業界で女性が活躍するには、何が必要だと思いますか？

今、世の中は古い価値観の時代から変わりつつある最中なんじゃないかなと思うんです。政治家が女性蔑視的な発言で炎上しても、本人は「軽口のつもりだった」というようなこともありますよね。軽口のつもりだった人が、「今は時代が違うんだ、生き方を変えよう」と気が付けるとは思えなくて、なかなか人の価値観は変わらないのではないかと考えてしまいます。決定権を持つポストに新しい価値観を持つ〝新人類〟がもっと増えていけば、もっと女性も働きやすくなるんじゃないかな。

取材後記

AFTER THE INTERVIEW

No. 06

原宿カルチャーを象徴するポップアイコンとして、彗星の如く現れたきゃりーぱみゅぱみゅさん。デビュー当時は「得体が知れない」という周りのリアクションさえ、どこか自ら楽しんでいるように見えていたけれど、デビューから10年以上が経った最近では、自分の言葉で率直な意見を発信する存在として一目置かれるようになった。

1人の女性として、プライベートの世界があり、一方では社会に対しての意見もある……そんな当たり前の事実を、我々は彼女を記号化することで、無視していなかっただろうか。そもそもポップアイコンが生身の意見を発信するだけで新鮮に感じてしまうのには、以前話題になった「音楽に政治を持ち込むな」という言葉が飛び交うような日本の風潮が影響しているのかもしれない。

今や原宿を飛び出して、世界を舞台に活躍する彼女には、意志あるポップアイコンとして、これからも日本のエンターテインメント業界に新たな風を吹き込んでくれることを期待してしまう。

Sakura Tsuruta

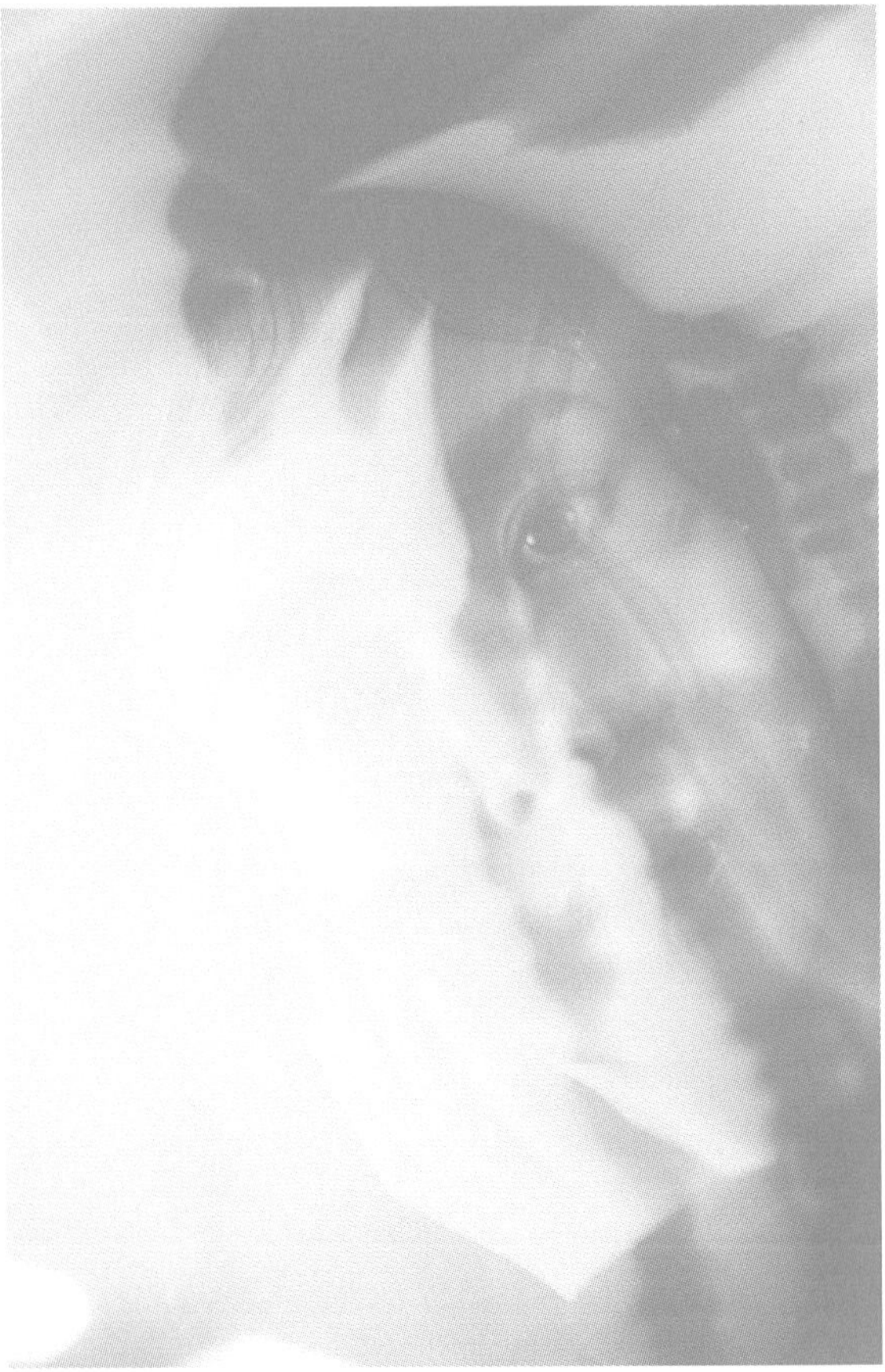

バランスを均衡にするためには、学びや経験の機会も平等に

PROFILE

アーティスト。7年に渡るアメリカ生活を終え、2017年に帰国、東京を拠点に音楽家として活動を始める。2019年にシングル「Dystopia」をリリース後、ブランドや企業とのコラボレーション、教育分野での活動も積極的に行いながら、2023年にアルバム「C / O」をアナログレコードとデジタル配信で発表。同年Forbes Japanのいま注目すべき「世界を救う希望」100人を特集した号にて表彰を飾った。

クラシックピアノとクラブミュージック、両方がテクノロジーで繋がった

――Sakuraさんはアメリカのバークリー音楽院で電子音楽を学んだとのことですね。どうしてそのジャンルに興味を持ったのですか？

幼い頃からクラシックピアノを習っていて、高校時代に出会ったピアノの先生がたまたま現代音楽を専門にやっている人だったんです。その先生が、電子音楽と20〜21世紀の音楽の架け橋になってくれました。それから程なくしてクラブにも遊びに行くようになり、ダンスミュージックの観点からも電子音楽に触れることに。その両方からのアプローチで、テクノロジーを使った音楽の制作にフォーカスしていくことになったんです。

――日本では、〝理系女子〟という言葉が生まれ注目を集めたほど理系の専門職に女性が少なく、現在では解決すべき課題とされています。Sakura

さんがアメリカで過ごす中で、ジェンダーバランスに関して意識する機会はありましたか？

テクノロジーの分野においては、やはり男性が多数派です。憧れられる存在というのも男性が多いですし、学校の先生もほとんどがそうでした。でも少しずつ変化しているのも感じています。私の所属していた学科の教頭先生も途中から女性になり、女性の生徒も増えてきていますし、女性のアーティストが正当に評価される機会も増えてきました。

もっとフレンドリーに、電子音楽を学び、触れられる機会を

――テクノロジーの分野は、性別や身体的な特徴が表現や結果に影響しづらい分野のように感じますが、それでもジェンダーギャップが生まれるの

はどうしてなのでしょうね。

なぜ女性が少数派なのか、私が観察していて感じたのは、学ぶ機会や環境がないということ。テクノロジーの表現や教育の場で〝初心者向けの講座〟とアナウンスされていても、蓋を開けてみたら細やかな説明なしに高度な話が交わされていて、心理的安全性にも配慮がないということも少なくないんです。「女性1人だったら参加しづらいな」と思うこともしばしば。十分な環境が担保されず、それにより教養が重ねられず、知識がある人とない人の差が大きくなっているのが現状の課題ではないでしょうか。もっとフレンドリーに学べる環境があると良いのに、と思いますね。

——少数派から脱するために必要な学習の機会が十分に用意されていないのは、ほかのジャンルとも共通する課題ですね。でも、Sakuraさん自身も教鞭を執られていますし、アーティストとしてもご活躍されています。このジャンルを目指す女性たちをエンパワーメントしているでしょうね。

ありがとうございます。２０１７年に日本に活動拠点を移してから、

〝女性ＤＪ〟や〝女性アーティスト〟と呼ばれることに違和感を感じた時期がありました。女性だからというだけでブッキングされたりもして……それらについて異議を唱えると「現場でマイノリティだからこそ、女性であることをアピールしていったほうが良いと思う」という意見があって、最初は納得できなかったんです。「日本でチャレンジするには、最初から平等に扱ってもらえるわけではなくて、プラスで何かをやらないと平等にならないのか」と。でも一旦、その意見も受け止めてみることにしました。

今ラディカルだと捉えれているものが、当たり前になっていく未来のために

――一度その意見を受け入れようとしたのは、必要性を感じたからですか？

そうですね。日本では摩擦を生む発言を避けることが良しとされてい

て、ソーシャルハーモニーを崩さないように、〝わきまえて〟行動する美徳がありますよね。その場では何も言わなくても、よくよく話を聞いてみると「本当はこう思っているんだよね」と本音が出てきたりする。それに気が付いていろいろな人に話を聞いていくうちに、今の日本の多様性のゴールは最初から全て平等を目指すのではなく、同じ目線から見られるようにマイノリティ側がエキストラで何かをしたり、サポートしてもらうことでもあるかもしれないと思うようになったんです。

――日本と、さまざまな国から人が集まっているアメリカとでは、多様性の進度にも大きな違いがあるのでしょうね。ジェンダーギャップやフェミニズムに対する考え方に関しては、日本とアメリカでどんな違いを感じましたか？

日本では〝フェミニスト〟というと、ラディカルな考え方だと捉えられることもあるようですが、アメリカの都心部ではそういった意識は薄れてきているように感じます。私自身、テクノロジーのジャンルで活動する女性としても、有色人種であるという点からしても、アメリカではマイノリティでした。そう意識するようになってからは、アメリカのフェミニストの歴史に着目して本を読んだりして、現在に至る時代の変化を学び、「今ラディカルだと捉えられていることも、いつかそうじゃなくなるのかな」と思うようになりました。日本国内の音楽イベントでも、ジェンダーギャップを均衡にしようと意識している人たちもいますよね。それにより多様なアーティストがラインナップされるようになり、音楽がより面白くなってきているんじゃないかなと希望を感じています。

学び得た知識と重ねた経験は、ちゃんと自分に返ってくる

——Sakuraさんはアーティストとしての活動だけではなく、音楽療法を学び臨床でも経験を積まれた興味深いキャリアをお持ちです。その視点から、困難に直面したときの解決法などを教えていただきたいのですが。

私自身は、困難なシチュエーションだと感じていたりチャレンジをしているときには、軸がズレてしまっていたり揺らいでいたりするので、自分と向き合うことが大切だと思っています。「何が原因で何を感じていて、求めていることは何なのか」を観察して、自分と相談するんです。音楽療法的なことで言うと、向き合うために「あえて何も聴かない」というのもテクニックの1つ。サイレントの時間を楽しみます。

――日本ではあまり音楽療法に関して耳にする機会は少ないですが、アメリカではどういった機会に採用されるのですか？

ホスピスの緩和ケアとして受けることができたりしますし、大学病院でも採用されているんですよ。要介護者や障がいを持った方々の施設にさまざまな種類の専門ケアが用意されていて、その1つに音楽療法がありま す。音楽やスピーチを使って治療をするのですが、ほかのケアと組み合わせて行うことで入院の日数が減るなどのエビデンスがあり、保険適用の治療もあります。日本では稀に、大学病院で採り入れているところがあるようです。

――さまざまな角度から音楽に取り組まれているSakuraさんですが、キャリア1年目の自分に何かアドバイスをするとしたらどう声をかけますか？　男性が多い環境に置かれている女性たちを勇気付ける言葉にもなるのではないかと思うのですが……。

「知識を人一倍増やすこと」を伝えるでしょうか。それは、あとの自分にちゃんと返ってきますから。当時は「そんなことも分からないの？」と言われたくなくて奮闘していて、結果スキルアップすることができました。曲作りにおいては、ダサいものができることを恐れないで。カッコいい曲を作っている人でも、最初からカッコいい曲ばかりが思い浮かぶわけではないと思うんです。とにかく、何でも引き受けて経験を積む、練習をする、曲を作る。それらは全て、ちゃんと自分に返ってきます。

取材後記

AFTER THE INTERVIEW

No.07

バークリー音楽院の音楽療法科と Electronic Production & Design 科を卒業したあとに、音楽療法士として臨床を経験した Sakura Tsuruta さん。理系としても DJ としても女性はマイノリティだが、もちろん性差で向き不向きが左右されるわけではない。

日本では東京工業大学が、2024 年の春入試から定員の中に女性枠を設けるクオータ制度を取り入れることを発表した。クオータ制度はノルウェーで発祥したと言われていて、ノルウェーの女性閣僚の割合は４割を下回ることはない。しかしクオータ制度やアファーマティブアクションには賛否両論があり、アメリカの教育の現場では 2023 年６月にアファーマティブアクションを違憲とする連邦最高裁の判決が出て、リベラル層を中心に大きな動揺を引き起こした。

時代は揺らぎながら変化し、価値観も日々変わり続けている。「ラディカルだと思われていることも、いつしか当たり前になっていく」と Sakura さんが感じているように、いろんな分野にいろんな人がいるのが当たり前になる未来がきっとやって来るだろう。Sakura さんの存在は、灯台のようなものだ。これから彼女をモデルケースに自らの道を選択する人も現れるに違いない。

佐々木 舞

YouTube アーティストリレーションズ

Photo by Kae Homma

個性や主張ある国内の女性アーティストを積極的に世界に発信していきたい

PROFILE

YouTube アーティストリレーションズ。東芝EMIでのプロモーター、米国音楽アグリゲーター IODA でのビジネスデベロップメントの経験を経て、2011 年から Google の YouTube チームに参加。現在日本の YouTube のアーティストリレーションズ担当として、アーティストのチャンネル活用による国内外でのヒット創出のサポートを行う。

自由な表現をサポートするプラットフォーム作り

――佐々木さんが所属するGoogleの〝YouTubeアーティストリレーションズ〟という部署は、具体的にどんなことをやっていらっしゃるのですか？

アーティストにYouTubeをプラットフォームとして活用していただくために、さまざまな提案をし、運営をサポートするのが私たちの業務です。公式チャンネルの積極的な運用方法やライブ配信など、音楽チームで提案できることは日々多角的に増えているんですよ。

――なるほど。ただプラットフォームを開放するだけではないのですね。コロナ禍でオンラインでの音楽の楽しみ方も変化していて、YouTubeを活用するアーティストはより一層増えているように感じます。

ライブや音楽フェスといったイベントが開催できない、制作活動自体も不自由になりリリースも延期せざるを得ないなど、言わずもがな音楽業界にとってコロナ禍のショックは計り知れません。そんな中、YouTubeではアーティストやレコード会社など音楽関係者の方々に向けて、活用方法に関してのセミナーをオンラインで開催しているんです。「YouTubeを売り込みたい」というよりも、「一緒に頑張りたい」という思いで実施した取り組みでした。結果的に無観客でのライブ配信やアーティストのプライベートなスペースでの弾き語り配信など、アーティストとファンが繋がる場としてご活用いただき、行動制限がなくなった今でもそのプラットフォームでの展開は拡大を続けています。

――佐々木さんご自身は、現在のポストに就くまでにはどのようなキャリアを積んできたのですか？

音楽は物心ついたときからずっと好きで、大学を卒業して国内のレコード会社に就職しました。その後はサンフランシスコへ行ったんです。アテがあったわけではないのですが、自分で調べて「働きたい」と思った会社に連絡して面接のアポを取り付けて、音楽のデジタル配信のディストリビューションを行うスタートアップ企業に就職しました。

帰国して気が付いた、音楽業界の景色の違い

――国内外で仕事をされてきた中で、違いを感じたことは？

日本に帰ってきて感じたのは、業界全体を見渡したときの男性が占める割合の大きさです。サンフランシスコで勤めていた企業では、エンジニア部門やマーケティング部門のトップなど要職に就いている女性も多かったので、帰国してから改めて「要職に就いているのはダークスーツに身を包んだ男性ばかり」という状況を実感しました。

――その背景には、どんな原因があると思いますか？

これは音楽業界のみならず、日本にはまだ「育児や家事は女性がやるものだ」という性別役割分担意識が根強く残っているのを感じますね。海外とひと言に言っても、もちろん地域によって違いがありますが、サンフランシスコは特にリベラルな考えの人が多く暮らす街だったので、日本に帰ってきたときに感じた差が大きかったのだと思います。

――では、現在のGoogleの状況はいかがでしょうか。

Googleには〝多様性・公平性・包括性〟を重んじる企業理念がありまます。実際、音楽チームに所属している人の男女の割合は半々。私の主観になりますが、性別よりも、個人のキャリアやスタイルが重視されて適材が適所に配置されている印象です。リモート勤務も、コロナ禍になる前から認められていましたし、女性が出産や育児を経験しながらキャリアを継続するためのサポートが用意されています。また社内に留まらず、女性のリーダーシップを促進するために、マネジメント層及びリーダーを目指す個人双方に向けた〝Women Will リーダーシッププログラム〟というトレーニングプログラムも提供し、効果を上げています。

女性アーティストがメッセージを発信しやすい社会を作るために

――Google のようなグローバル企業がサポート体制を充実させ、女性の社会進出をリードしているのは心強いですね。話の対象をアーティストに移しますが、Billboard JAPAN が発表したチャートでは、ランクインするアーティストの割合は常に男性が女性を上回っているのが現状です。国内にも素晴らしい女性アーティストはたくさんいるはずですが、この結果についての見解をお聞かせいただきたいです。

私はアーティストではないので代弁はできませんが、いちリスナーとして、女性アーティストが何か強いメッセージを発信しようとしたとき、社会に受け入れる体制が整っていないのを感じることはあります。テイラー・スウィフトやビヨンセ、リゾなど、グローバルで記録を打ち立てている女性アーティストの多くは社会に対して強いメッセージを発信しています。彼女たちが支持されているのは、そのメッセージに心を動かされている人が多くいることの証でもあるのではないでしょうか。日本では、そこにまだハードルがありそうですね。

――日本では「音楽に政治を持ち込むな」という論争も発生したくらいですし、女性が声を上げることにアレルギーを持っている人が一定数いるのを感じます。

そのことだけが理由ではないかもしれませんが、グローバルのチームから「日本国内で、突出した個性や主張のあるアーティストが思い浮かばない」というフィードバックを受けたことがありました。グローバルな音楽マーケット全体で考えたときに、インパクトが小さいと。実際は、きゃりーぱみゅぱみゅさんのように、日本独自のカルチャーを世界に向けて発信し『コーチェラ・フェスティバル』などで成果を上げているアーティストもいますし、春ねむりさんのように、海外からの評価が国内を上回っているようなアーティストもいるんですけどね。そういった国内の素晴らしい才能を世界へさらにプッシュするのは、YouTubeのようなグローバルに開かれたプラットフォームに課せられた課題でもあると思っています。

性別に関係なく
権威性にも気を付けていきたい

――確かに、その意見はショッキングですね。ちなみに佐々木さんご自身は、これまでどんなアーティストに心を惹かれてきたのでしょうか。

女性だから憧れていたというわけではないのですが、やはりマドンナのインパクトは大きかったですね。中学時代にJ-WAVEを通して聴いた

『エロティカ』には衝撃を受けました。音楽はもちろん、ファッションやメイクまで刺激的で、「周りのことを気にし過ぎなくて良いんだ」と感じたことは今の考え方にも影響していると思いますし、2016年に『Billboard Women In Music』を受賞した際の彼女のスピーチにも心を突き動かされました。

――マドンナがセンセーショナルなデビューを果たした1982年から40年以上が経ち、女性を取り巻く状況も変化しましたが、佐々木さん自身が何かその変化を実感することはありますか。

私がキャリアをスタートさせた頃は、音楽業界でキャリアを積むためには〝男勝りに頑張る〟ことが求められていました。でも今は、そもそも〝男性＝家庭を顧みずにがむしゃらに働く〟時代でもないですし、身体的な性別の違いを無視して無理をするのが美徳でもありません。性別に関係なくキャリアアップすることで得てしまう権威性によるハラスメントにも気を付けるべきですし、精神的にも肉体的にも余裕を持つことが、自分にとってもチームにとっても良いパフォーマンスに繋がると思っています。

取材後記

AFTER THE INTERVIEW

No. 08

佐々木さんはこのときすでに〝権威性によるハラスメント〟に警戒していた。インタビューのあと、映画『TAR／ター』が公開され、ケイト・ブランシェットが自分の権威性に溺れて転落する女性主席指揮者を演じ、また同じ頃、女性たちをエンパワーメントしてきたリゾは、元ダンサーたちから敵対的な労働環境やハラスメントで訴訟された。職場で立場が上なだけでも年齢が上なだけでも、相手にとって脅威になる可能性がある。性別問わず、権力が加害性をはらんでいることを忘れないようにしないといけない。

YouTubeなどのプラットフォームが発達し、誰もが世界中に自由に発信できるようになって、一晩でスターダムに上り詰める人も登場するようになった。そのことは人々に夢を見せる一方で、その使い方によっては悪夢にもなり得る。そこで悪夢が生まれないように、一過性ではないYouTubeでのキャリア構築や教育も担うのが佐々木さんの役割だ。だからこそ彼女は、ジェンダーギャップのその先の、危惧すべき問題まで見えていたのだ。

SCANDAL

Photo by Miu Kurashima

『“ガールズバンド”であることに、誇りを持って活動してきた』

PROFILE

HARUNA（Vo、G）、MAMI（G、Vo）、TOMOMI（B、Vo）、RINA（Dr、Vo）からなる４人組ガールズバンド。2006年、大阪・京橋で結成。2008年に『DOLL』でメジャーデビューを果たした。2019年にはプライベートレーベル・herを設立。2023年８月「同一メンバーによる最長活動ロックバンド（女性）」としてギネス世界記録を獲得した。

自分たちらしく生きてきた結果、辿り着いたガールズバンドという表現方法

――この連載では、女性シンガーソングライター、女性DJとカテゴライズされるのに抵抗感があるという声も上がっていたのですが、皆さんは「ガールズバンド」と呼ばれることについてどう思っていますか？

Rina 私たちはポジティブに捉えているんです。過去に「ガールズバンドの域を超えているね」とか「もうロックバンドだね」とよく言われた時期があって、褒め言葉だったと思うのですが、違和感がありました。それで、自分たちはガールズバンドが上だとか下だとかの感覚がなく、すごくこのジャンルが好きなんだなと気が付いたんです。だから「ガールズバンドを超えた」と言われても褒め言葉として素直に受け取れなかったんですね。

Tomomi インディーズの頃から海外でライブをする機会があって、その頃は4人お揃いの衣装を着たりしていました。そのスタイルから、現地ではア

ニメや漫画のようなジャパンカルチャーの1つとしてガールズバンドを捉えてもらっていたように思います。自分たちはそうカテゴライズされることを新鮮に感じていたし、肯定的に感じていたんです。

Rina 17年続けてきたことで、「楽器をやりたい」「バンドをやりたい」という女の子たちに対してずっと扉をオープンにしてこられたとも思う。そういった点も含めて、自分たちが誇っている部分なんですよね。

Mami 私たちにとってはガールズバンドが自分たちらしく生きられる方法だったんです。この手段が一番合っていたんですよね。

女性だけでバンドを長く続けること その難しさに向き合ってきた

——そもそも、どうしてバンドに挑戦する女性は男性に比べると少ないのでしょうね。

Rina やっぱりバンドは1人じゃできないので、女性たちだけで組むと、それぞれに出産するタイミングが訪れたりして、ライフステージが変わる時期がやってきますよね。そうじゃなくても体自体が20代、30代と変化していくので、気力があっても体力や時間的に難しいという問題にもぶつかるのだと思います。そういった意味で、男性よりも女性にとってのハードルが高いのかもしれません。

Tomomi そうなんです。それぞれが違う時期に出産をするとなると、何年も活動を休止せざる得なくなりますよね。だからやっぱり子育てをしながら音楽を続けているアーティストを尊敬しますし、大変なことだと思います。

Haruna それを考えると、私たちの場合は、結成が早かったのはラッキーだったかもしれないですね。早くから活動していたから、ある程度続けてきた段階でライフステージが変わるタイミングを迎えられるという。

Rina そうやって、キャリアとプライベートの兼ね合いについて、音楽活動ではなく会社勤めをしているような女性たちと同じような悩みを抱えた時期もあります。「どうやって生きていくのが幸せなんだろう、楽しいんだろう」と悩んだことをきっかけに、音楽の作り方も変わりましたね。

Haruna そうそう。フェスやライブで盛り上がるようなアップテンポで派手な曲を多く作る時期もあったのですが、「それだけでいいのかな」と考えるようになりました。

Mami 女性として自分たちの生き方やこれからに向き合ったことが制作にも影響を与えて、それがすごく良かったと思います。

これからも長く続けていくために、大切にしていること

――そういった心境の変化について、4人の間で話したり共有することはあるのですか？

Mami 定期的に改まって話す機会を持っているわけではないのですが、今みたいにインタビューの中でそれぞれの意見を確認して、「そうだよね」

と思う機会はたびたびあります。あとは曲を作っていく中で、自然とそういう話になることも。「とにかく長く楽しく、心身ともに健康に正直にバンドをやっていきたいよね」という点は、ずっと共通した意識だと思います。

Tomomi その共通の意識のもとで、都度アップデートして新しい自分たちでいたいという思いも、日常の会話の中でシェアできている感じですね。

――17年間続けるということがどれだけ大変なことだったのかが、少しずつ見えてきました。SCANDALはどうしてこれまで長く続けられたのでしょう。秘訣を教えてください。

Mami 私は作詞作曲をすることが多いのですが、悩んだときにメンバーに相談すると、私に足りない要素を補うようにヒントをくれたりする。1人ひとりの足りない部分を、メンバーそれぞれが補っている感覚があるんです。

Tomomi 私たちはボーカルやダンスを勉強するミュージックスクールで出会って、スクールの先生の勧めで楽器を始めてバンドを組んだのですが、最初にこの4人に声をかけてくれた先生に見る目があったのかもしれないですね。「どうしてこの相性の良さが分かったんだろう」ってくらい、パズルのピースみたいにぴったりハマって。

Haruna あとは、最後まで楽器を辞めなかった4人だから、やっぱり負けず嫌いだし根性があるよね（笑）。先生もそういうところを見ていたのかもしれませんね。

Rina 確かに（笑）。17年続けてきた今でも、矢印が同じ方向を向いていることが多いんですよね。私たち、自分たちの方向性に悩んでいた時期がすごく長かったんです。音楽性やパフォーマンスはもちろん、衣装についても、本当にいろいろなことに挑戦してきました。そんな中で不思議と、何をしたらテンションが上がるか上がらないかも、気持ちが揃うんです。

Tomomi 方向性が定まらなくて悩んでいた時期は長く続いたけれど、いろいろなことに挑戦するうちに、いつの間にか抜け出していました。多分何者かになろうとしてもがいていたのだと思います。どこかの枠に収まりたかったんだけど、それを止めたら楽になったのかな。

17年間4人で続けてきて気が付いた変化することの尊さ

Rina それから、「伝わるまで伝えよう」というのが私たちの合言葉なんですよ。泥臭くてもカッコよくなくてもいいから、「ステージで全部伝え切ろう」というマインドになったら、苦戦してたところから抜け出すことができました。

Haruna 続けることでしか伝えられないものがあることも分かったよね。だからこそ、表現する音楽がどんどん変わってきているのだと思います。今しかできないことも尊いけれど、長く続けるために、50代になっても違和感なく続けられる音楽がやりたい。

――「長く続けられる音楽」というのは、具体的にはどういうものだと思いますか。

Rina BPMとか音色とか……あとは歌詞ですね。〝今の自分たち的にOKかどうか〟のラインがあるんです。

Haruna バンドの精神論だけじゃなくて、自分の生活の中にある言葉を歌詞にしていきたいと思っています。表に見えていることだけじゃなくて、日々の生活や自分たちの内側みたいなところから出てくる言葉も、バンドの人格として持っていることが奥行きになるんじゃないかと。

Rina 私たちは若いときから活動しているからか、大人の女性として認識してもらうのがなかなか難しいんです。みんな最初に見たときの印象が残っているでしょう? だからこそ、今の自分たちをしっかり言葉にして、音楽で表現していこうと思っていますし、そういう自分たちでいることで、これからもよりバンド人生を楽しんでいける気がしています。

取材後記

AFTER THE INTERVIEW

No. 09

10代後半から30代前半の間、ずっと同じ距離感で仲良くしている友達って、私にはもしかしたらいないかもしれない。毎日連絡を取り合っていたような相手とも、進学、就職、結婚、離婚、出産、子供を持たない、などさまざまな環境の変化でいつの間にか会わなくなり、そんなことにももうとっくに慣れてしまった。ライフステージが変われば生活も気持ちも変わるのが自然で、そうやって距離ができた友達のこともSNSなどで見かければ「元気そうでなによりだ」と思う。

女性にとってはある意味「激動の時代」とも言えるような17年間を、SCANDALの4人はロックバンドとして共に駆け抜けてきた。メンバーたちは今、30代前半。バンドを続けてきた自分自身や〝ガールズバンド〟という表現方法について、自信と誇りを持っている。それは、何か問題が起きても逃げずに向き合い続けてきた結果以外の何ものでもないだろう。

歳を重ねて体や心が変わっていくことを〝劣化〟と揶揄する声があるが、それは間違っている。経験が増えていくのは豊かさだと、SCANDALは知っている。変化を受け入れて、長く活動を続けるために何が必要なのか。同性として、4人の歩み方からは学ぶことが多い。

chelmico

気さくでポップで明るくても、言いたいことは言わなくちゃ

PROFILE

Rachel と Mamiko の友達同士で結成されたラップユニット。インディーズでの活動を経て、2018年にメジャーデビュー。これまで『POWER』『Fishing』『maze』『gokigen』と4枚のアルバムをリリース。10月にはEP『I just wanna dance with you- period』がリリースされた。

舐められていると感じても、カッコいいことをしている自信があった

――お二人は、10代の後半からの10年間という多感な時期を共に過ごしてきたそうですね。ユニットとして活動を始めるきっかけを聞かせてください。

Rachel 友達だったMamikoとラップを始めたのは、私がイベントで5分くらいの出し物をしなくちゃいけなくなって、「ラップしようよ」と誘ったのがきっかけ。

Mamiko 当時、私は高校3年生で受験勉強中でした。RachelにＬＩＮＥで誘われて、最初は断ったけど、「思い出作りに、1回だけなら」と考え直してやってみることにしたんです。2人ともRIP SLYMEが好きでカラオケに行く約束もしていたから、その延長くらいの気持ちで始めてみたら、それがめっちゃ楽しかったんだよね。

――当時は今よりもラップをやっている女性は限られていたと思いますが、始めることにハードルはなかったですか？

Mamiko ラップをやる女性自体も少ないけれど、2人組でやっている人はさらにいなかったから、「いけるっしょ」と思っていたかも。でも舐められやすかったですね。自分たちで歌詞を考えていないと思われていて、「誰が歌詞書いているの？」と言われたり……。

Rachel 私がライブでチェキを撮ったりしていたのも原因かもしれない。でもアイドルと言われることは別にいいんですけれど、明らかに何か違う文脈で見られているのは感じていたよね。日常に小さな嫌味が潜んでいたりとか、何かちょっと軽んじられているというか……でも自分たちで歌詞も書いているし、カッコいいことをやっている自信はあったから、ちゃんと曲を聞いてほしい、ライブを見てほしいと思ってた。

Mamiko 私はライブでは今よりも強気なことも言っていたかもしれない。でもその当時の記憶があんまりないんだよね。chelmicoを始めるまで部活にも入ったことがなくて、誰かと共同作業をした経験もないから、ラップを始めてすごく楽しくて熱中してた。だから何かムカつくことがあってもライブ中に発散していたし、例えば「わざわざ〝フィメール〟ラッパーというのは何でなの？」と思ったら、そのままそれをMCで言ってましたね。

これまでは違和感があっても、2人の間で完結させてきたけれど……

――そうやって解消していたんですね。そのとき感じていた違和感については、お二人の間でも話し合うことはあったんですか？

Rachel よく話してたよね。「さっき、何か態度が変だったよね」と違和感を共有して、舐められているのを感じたら「ライブで絶対かまそう！」と鼓舞し合った。そうして前に進めたのは、2人組だからこそですね。

Mamiko 思ったことは全部自分で言わないといけないから、1人で活動している人はタフだよね。一方で、2人だと私たちの間だけで完結しちゃうこともあるから、今思えばそれだけじゃなくて、ちゃんと解決する方法を考えれば良かったかもしれないな。例えばムカつくことを言ってきた人に、ちゃんと「ムカつきました」と伝えたり。

――2人の間で完結せず「伝えれば良かった」と思うようになったんですね。

Rachel 「言われたら嫌な気持ちになる」というのも、相手に言わないと伝わらないからね。こう思えるようになったのは、2人で続けてきて今があるからだけど……今は気さく過ぎちゃって（笑）。

Mamiko 私たち、気さくだもんね（笑）。最初から怖そうな人たちだったら何を言っても驚かれることもないかもしれないけれど、今私たちがピリついたら、きっとめっちゃ怖いよ！ ポップに明るくやってきちゃったから、何かを言うハードルが上がってしまっているのかも。親しみやすいと思ってもらえるのは良いけれど、言いたいことは言わないと。

chelmicoが好きだから、ライフステージが変わっても止まりたくない

――2020年にリリースした『Easy Breezy』がヒットし、翌21年にはRachelさんが第一子を出産しました。女性にとって妊娠・出産は大きな出来事だと思いますが、chelmicoは何か変化しましたか？

Mamiko あまり変わらないかも。Rachelから話を聞いたときは純粋に「おめでとう！」と思ったよ。Rachelがchelmicoの活動をすごく好きなのも知っていたから、止まるのは嫌だろうなとか、私のこともすごく好きなのも知っていたから「まみちゃんに迷惑かけてる」と考えるだろうなとか思ったから、あくまでも変わらず、ずっと普通にしていました。

Rachel Mamikoが普通にしてくれているのが、すごく嬉しかったですね。ちょうどコロナ禍で有観客のライブもできなかった時期だけど、生配信のライブは続けていたし、できる限りのことをしていました。

——Rachelさん自身は、子供を持ったことで心境に変化はありましたか？

Rachel これまでも「こういう人がいたらいいな」という思いを持って活動してきて、出産してからはさらに「社会に対してどうあるか」という視点が少し入ってきた感じ。基本は変わらないけれど、子供の未来に向けて、「どういう音楽が流行っていたら嬉しいか」などを想像するようにもなりました。あとは、「お金がいる！」と思って『3億円』という曲を作ったり……出産すると出産一時金というのがもらえるんだけど、それだけじゃ足りない（笑）。Mamikoは何か変わった？

Mamiko 私は、あまり人のことを気にしなくなってきたかな。大人になるにつれ、素直なほうが楽だと思うようになった。歌詞を書くのも、初めの頃は照れくさい気持ちもあったんだけれど、自分を出したほうがみんなも喜んでくれるし、自分も楽になれる。それは続けてみて知った。最近はむしろ、周りの目を気にしなくなってきたのが怖いくらいかも。「こんなに大勢の前で、大声で歌ってるよ」という事実に改めて驚いています（笑）。

Rachel 何かを決めるときも、周りの様子を窺わずに自分の意見をちゃんと言うようになったよね。頼もしくて、ありがたいです。

Mamiko Rachelも優しくなったよね。前から優しかったけれど、少しだけ派手に物を言ったり、トガったパフォーマンスをしたりしていた瞬間もあったんだけど。それが丸くなった。

Rachel 自覚があるかもしれない。でも逆にもどかしい気もしるんだよ。前みたいに人のこと考えずに言えたり決めたりしたほうが楽かなって。でも、そうやって2人が少しずつ歩み寄ってるのかもしれないね。

売れるってどんなことなのか これからも2人で探っていきたい

——一緒にいるから変化にも気が付けるし、変化することで上手くいっているように見えますね。これから先の目標はありますか？

Mamiko たくさん聴かれる曲をもっと作っていきたいです。「○週連続チャート1位！」って、言われてみたいな。

Rachel 普通に売れたいですね。でも〝売れる〟が何かよく分かっていないから、それはMamikoやスタッフと一緒に考えていけたらな。海外ツアーとかもやってみたいよね。

——Billboard JAPANのチャートも、男性アーティストが過半数を占める結果が何年も続いているんです。

Rachel チャートもそうなんだね。音楽フェスティバルやイベントでも、女性アーティストが少ない現場はたくさんあります。そういう中で出演させてもらえるのはありがたいけれど、活躍する女性が増えていくには活躍している女性を目にする機会が増えるのも大切だと思う。「自分でもできるかも」と思うことが、チャンスを広げてくれるはずだしね。

Mamiko 自分たちが主催するイベントならば、出演者の男女比を意識したりするかもしれないけれど……。

Rachel やってみたいね！ 面白い人がいっぱいいるからなぁ。

取材後記

AFTER THE INTERVIEW

No.10

お互いのこととお笑いが大好きで、とにかく明るくて元気。そんな２人は「舐められることも多かった」のだそうだ。「強気なスタイルでカッコいい！と思える女性ラッパーはたくさんいるけれど、自分たちはそういうキャラじゃないし……」と言いながらも、「でも言いたいことは言わなくちゃ」という結論にたどり着いたのは、自分たちのためだけじゃない。２人の間で問題を完結させることができても、そのままじゃ世界は変わらないと気が付いたから。

筆者自身も、自分の事務所でアシスタントスタッフを雇用するようになってから、よりハラスメントや不条理な振る舞いに対して「NO！」を突きつけなくてはいけないと思うようになった。自分はやり過ごせても、未来に引き継ぎたくないと思うようになったのだ。明るくて元気なキャラクターでも、全部を笑って許すわけじゃない。当たり前のようだけど、それを表明するのってけっこう面倒で大変で、大事なことだ。

マナ、ユウキ
【CHAI】

Photo by Miu Kurashima

ライブを見に来たら「こんな女もいるんだ」って思えるはず

PROFILE

マナ（Vo、Key）、カナ（Vo、G）、ユウキ（B、Cho）、ユナ（Dr、Cho）によるバンド。2015 年、1st EP『ほったらかシリーズ』を発表。2020 年 10 月にアメリカの名門レーベル『SUB POP』との契約を発表し、北米ツアーや中南米で公演を行う。2023 年 1 月、日本限定 EP『ジャジャーン』をリリースした。

音楽とメンバーと出会ったことで、それぞれが救われた

――CHAIは4人組ですが、今回はマナさんとユウキさんにご参加いただきました。お二人は、小さい頃に憧れていた女性像はありますか。

Mana 初めてできた憧れの女性は、CSSのラヴフォックス。「セクシーでいることには飽きた」というメッセージを始め、女性ならではの不満をロックに乗せて発信していたインパクトは大きかったな。

――その当時、すでに何か窮屈さを感じていたんですね。

Mana それはずっとありますね。〝可愛い〟という言葉にめちゃくちゃ悩まされてきたもんで。CHAIが使っている〝NEOかわいい〟というキーワードも、価値観が〝可愛い〟or〝ブス〟のどちらかしかなかったことへ

の抵抗なんだよね。男女関係なく「あなたには必ず生まれた瞬間から良いところがあるよ」というのがメッセージなんです。

Yuuki 私も、小さい頃は憧れるとかはよく分かっていなくって、いろいろな人の良いところを盗んでいる感じ。周りにいる人の良いところに気が付くと「それ良いじゃん！」ってマネしてモノにしちゃう（笑）。

――確かにひと時代前には〝可愛い〟のパターンは決まっていたように思います。そんな中で、CHAIのメンバーが学生の頃から〝NEOかわいい〟的な価値観で繋がれたのはなぜでしょう。

Mana CHAIって、ユウキ以外のメンバーは高校時代の軽音楽部で出会ったんだけど、〝NEOかわいい〟に繋がる考えが明確になったのはユウキと出会ってからかな。4人で普段からいろいろ喋っていたから、自然とそれぞれの悩みの話にもなって、例えば私だったら「目が一重なのがコンプレックス」とか……そうやって話していると、体の悩みも心の悩みもそれぞれ違うことに気が付くんだよね。それでお互いに励まし合ったり褒め合ったりしているうちに、「これをもっと広めたい！」と思うようになった。

私たちは4人で褒め合ったおかげで自信を持って音楽をやるという選択ができたから、みんなのことも褒めたいと思ったんだよね。

抱えていたコンプレックスが、音楽をやっていくうえでの自信に

——世界に向けて発信するにあたり、価値観が異なる人にもコンプレックスを開示するのには勇気が必要だったんじゃないですか。

Mana むしろ、コンプレックスを発信することを「これしかない！ 見つけた！」と思っていたから、それがあるのが自信だったかも。

Yuuki そうだね、「自分たちの芯ってこれじゃん」と見つけられて嬉しかった。だから不安はなかったんだよね。この芯があるからたくさん曲も作れるし、何もないよりもずっと楽。でも最近、「曲も演奏も良いんだから、

メッセージなんていらないじゃん」って言われたことがあったの。その人は曲自体が良いと褒めてくれたつもりみたい（笑）。そういう意見も面白いなと思ったけれど、メッセージも大事にしているからCHAIなんだよね。

Mana 最初から今まで全くブレていない部分だよね。私たちは小さい頃から「どうやって生きていったらいいのか分からない」という不安や不満を抱えていたけれど、〝NEOかわいい〟という言葉を作ったことで、まず自分たちが救われた。それをみんなにも伝えたいと思って10年近くやってきたわけだけど、海外でもライブをやるようになって、〝NEOかわいい〟という言葉を通して伝えたかったことが、今ではもう世界共通の価値観になっているということも知れた。でも日本はまだ少し遅れているのかもしれないよね。だからこそ、もっと広まれって思う。

――国内外のファンにメッセージが伝わっている手応えがあるんですね。

Mana みんな受け取り方は違うと思うけれど、生き方そのものに引っかかっている部分があるから、CHAIのアプローチに希望を見出してくれてるのかな。それはライブ中のみんなの顔を見ていて思うんだよね。私は女として生まれてきて、女としてステージに立って生きていることをそのまま曲にしているけれど、性別も世代も人種も関係なく本当にいろいろな人たちから反応をもらえるし、ちゃんとやれば伝わるんだなって実感できてる。

歌うことで自分の中でも消化されて自信になっている

——同世代の同性としてもCHAIの存在は身近に感じますが、それだけに留まらず、幅広い人に届いているのはカッコいいですね。ユウキさんは歌詞を書くうえで大切にしていることはありますか?

Yuuki　メッセージがはっきりしているぶん、それを直球で伝えてしまうと綺麗事のように聞こえてしまったり、説明的になってしまうこともある。「個性は大事!」ってそのまま言葉にしても、どこかでよく聞いたような言葉でちょっとピンと来なかったりするよね。それに自分たちが言っていることだけが正義というふうにもしたくない。だからこそリズムに乗せて楽しく、面白く、軽く伝えるのを意識しているかな。対象を性別や世代で括りたくないから、主語も〝We〟とか〝I〟を使って、『私はこう』と自分で決めればいいよね」と提案しているつもり。

Mana そうして出来た歌詞を音楽に乗せてライブで歌っているうちに、自分の中でも消化していって自分自身の自信にもなるんだよね。日によってニュアンスも変わって、「今日はこんなふうに伝えよう」と言葉に込めた想いが変化するのも、歌詞の面白さだと思う。

――性別を超えていく感覚があるからこそ多くの人に伝わるのですね。女性であることは、活動にどんな影響がありますか？

Mana 良い影響しかないかな。周囲から〝ガールズバンド〟って括られるのは嫌だったから、〝女バンド〟って言うように自分たちで決めたりもしたけれど、括られたことで否定する機会を得たから良かったかなって。

Yuuki フェスでも、出演者で女は私たちだけということも多々あって、バランスがおかしいなとは感じていたし、社会を見ても同じような状態だけど、だからこそ変えていける可能性があるって思う。コンプレックスの見方を変えてみるのと同じで、チャンスだと捉えてきたかもしれない。

Mana ただ女性のカッコよさを抑圧するような、手懐けやすい状態でいてほしいというムードは感じるよね。だから、「みんなもっと言いたいこと言っていいよ!」というのは言い続けていきたい。

Yuuki 私は音楽だけじゃなくて絵を書くことでも表現していて、周りにもそうやってアイデンティティや考えを表現している人がたくさんいるんだけれど、もっとそうやって意思を表明することが身近になると良いな。

ポジティブ人間だって、ネガティブな瞬間がある

——お二人と話していると、全てのことをポジティブに翻訳してもらえる

感じがします。ずっとそうやって物事を捉えてきたのですか？

Mana いや、全然いまだにネガティブな部分もある。でもその揺らぎがあるからこそ、リアリティのある音楽ができると思うから、それはずっと持ち続けたい。悩むことも誇りに感じながらやっていきたいな。

Yuuki 私も今はけっこうポジティブ人間だけど、それでも24時間ずっとそうかと言われたら全然そんなことないよ。でも、ポジティブ人間にも、ネガティブな瞬間があっても良いよね。ネガティブな考えが生まれるからこそ、それを自分の中で揉んで、消化して、ポジティブに変換することができるんだしね。そう思えるようになったのは、CHAIがあるおかげかもしれない。私はたまたま「これで生きるんだ」というものを見つけられたから、そのためだったら頑張ってもいいかって感じ。

Mana そうだね。CHAIのライブを見に来たら「こんな女もいるんだ」って思うはずだから、まずは1回見に来てほしいよね。

取材後記

AFTER THE INTERVIEW No.11

コンプレックスは、どこから来るのか。「人よりも眉毛が薄くて、ちょっと出っ歯です」（これは筆者の特徴である）などのポストイットを顔面に貼り付けた状態で産声を上げる人間はいない。人はコンプレックスを持って生まれてくるわけではない。家族も含めた自分以外の人間や、それらで構成される社会と接するようになって、後天的に意識するものだ。そうして生まれたコンプレックスは忌み嫌うよりも、受け入れて、さらに愛することができれば生きやすくなるだろう。でも、そもそもコンプレックスを抱かせないような社会なら？　わざわざこちらが〝受け入れて、愛する〟ために努める必要なんてない。

〝いろいろな人がいる〟なんて今でこそ言われまくっているけれど、CHAI はそれを叫び、ライブや映像作品を通して表現し続ける。そうしないと生きづらい社会を、私たちは今生きているからだ。

私たちが未来のために できるのは、「男らしくなくていい」と 男の子に伝えること

PROFILE

アーティスト。1991年デビュー。1992年の2ndアルバム『SOUL KISS』では、『日本レコード大賞』のポップ、ロック部門のアルバム、ニューアーティスト賞を受賞。1996年には岩井俊二監督の映画『スワロウテイル』の主演を担い、劇中のバンドYEN TOWN BANDのボーカルを務めた。2021年にデビュー30周年を迎え、記念ライブを大阪と東京で開催した。

Chara

大勢のバンドを率いる姿がカッコよくて、小坂明子に憧れていた

――Chara さんは、幼い頃どんな女性に憧れていましたか？

物心ついた頃に身近にいた大人の女性というと幼稚園の先生くらいで、ピアノが弾ける先生に憧れていました。それからティーンエイジャーになって、小坂明子さんが楽団を率いて、『あなた』という曲をグランドピアノを弾きながら歌っているのを見て「カッコいいな」と思ったのを覚えています。若い女性が、大勢を率いているのが印象に残っています。

――それから Chara さん自身もシンガーとしてバンドを率いるようになるわけですが、それまでにはどんな道を歩んでこられたのでしょう。

私は学校の勉強はあんまり上手ではなかったけど、ほかの遊びからいろ

いろなことを吸収してきて、心の筋肉運動をしてきました。今は〝宅録女子〟なんて言葉もあるけれど、その走りみたいなもので、遊びで楽器をやっているうちにバンドの仲間と出会って、音楽を作るようになって……今みたいに気軽に買えるような音楽ソフトもないから、全部アナログで、ローンで機材を買ったりしてね。ピアノも習い始めたけれど、途中で飽きちゃいました。練習曲を繰り返しやるのも面白いと思えなくて、〝速く弾けるようになる〟というテクニックの面にもあまり興味が持てなかったんですね。音楽は好きだったから、ピアノを辞めた代わりにシンセサイザーを手に入れて、遊び感覚で音楽を続けていました。

――ユニークなスタイルは、その当時から片鱗を見せていたのでしょうか。

小学6年生くらいから、ちょっと周りの子とは違っていたのかも。「自分は親の物じゃない」という感覚がその頃からあった気がしますね。当時は留学という道があることも知らなかったし、狭い世界を飛び出す方法が分からなくて、たどり着いた先がローラーディスコでした。ちょうどディスコが流行っていた高校時代。チアリーディングもやっていた私は、ローラースケートを履きながら、踊れて音楽がかかっているローラーディスコが気に入ってね。そうやって遊んでいた場所で出会った人たちからの影響は受けているでしょうね。

恋愛でも仕事でも、言葉にして伝えることを諦めない

――それではあまり、1つの理想像のようなものはなかったのですか？

憧れている人はたくさんいましたよ。シンディ・ローパーは、ビジュアルにも音楽にも惹かれました。私の学生時代は今のようにファッションも自由じゃなくて、彼女みたいに髪の毛を半分刈り上げたり立てたりしている女性は珍しかったし。私なんて、教習所におへそを出したファッションで、大きいフープのピアスを着けていっただけで「その格好はなんだ」っ

て怒られていました。それでも頑張って工夫していたけどね。

——デビュー当時のご自身に何かアドバイスをするとしたら？

当時は業界のルールも何も分からなくて遠慮もしていたし、様子を見ているようなところがありました。「自分は何も分からないから、プロに任せよう」と思っていたけど、仕上がってきたものにどうしても納得いかなかったことがあって……。でもそんな気持ちも、当時はきちんと周りに伝えられていなかったかも。今では「自分でやってみれば良いのに！」と思うけれど、そう思えるようになったのも失敗して勉強したからですね。

——若い頃は失敗するのをどうしても避けてしまいますよね。失敗を経験して、自分の中の対処法も変化してきたのでしょうか。

1つ言えるのは、ちゃんと言葉にして伝えるのは大切だということ。あと、伝えようとしたことが本当に伝わっているかを確認してみないとね。恋愛でも仕事でも、今は何かの出来事が良い方向に向かうためには、「こう思っているよ」と確認していいのだと思えるようになりました。それでお互いの気持ちが合わなかったら、それは仕方ないよね。自分が合わないなと思ったら、大抵相手も同じように思っているからね。

子供が産まれて知った、〝普通の言葉〟の面白さ

――今のCharaさんそのもののようですね。

若い頃からそうできていたわけではないの。今も全然完璧じゃないしね。若いときは「生意気」って言われてしまうから素直に発言もできなかったし、周りを困らせてしまうこともたくさんありました。でも、子供が産まれてからは特に、「自分の言葉に責任を持たなきゃ」と考えるようになったかな。言葉って出したら引っ込められないし、怖いじゃないです

か。これまでいろいろと失敗を経験したけれど、子供ができてからはその言葉の怖さと面白さをより感じるようになりました。子供って周りをよく見ているでしょう。いろいろ聞いてくるし、聞かれたことに言葉で返さないといけないし。でもそのおかげで、〝普通の言葉〟も面白いんだなと思えるようになりましたね。

――お子さんの成長に沿って言葉への向き合い方が変わっていったんですね。

若いときはもっとトガっていて、みんなと同じ〝普通の言葉〟を使いたくなかったんです。意地でも、誰もしていない表現を探したかった。でも素敵な言葉はそこらへんにだって落ちているんだと、子供と会話するなかで気が付くことができました。だって、子供ってすごくシンプルな言葉から話し始めるからね。

――年をとっていろいろな経験をすると自らを守るためにも心の機微が鈍ったりする気がするのですが、Charaさんはなぜフレッシュな視点や言葉を保てているのでしょうか？

音楽との向き合い方がブレないからじゃないかな、ただそれだけ。私は本当は冒険したいんだけど、急にジャングルとか行けないじゃない。だから音楽でいろいろ挑戦するのかも。同じことをずっと続けるのも大切だと思うのだけど、私はそのタイプじゃないのね。変わるのが、当たり前だと思ってるから。

未来のために、男の子たちに伝えたいこと

――変化を受け入れることが秘訣なのでしょうかね。では、女性がもっと活躍しやすい世界になるためには、何が必要だと思いますか？

〝女性が大統領になる〟くらいのことが起きないと、この世界は変わらな

いのかもしれないなとは思いますね。私がデビューした頃は、「女は黙ってろ」というようなことを直接言ってくる男性も普通にいて、そういう状況からは少しは良くなったかもしれないけれどね。今、私たちができるのはより良い未来がやって来るように男の子を育てることかな。子供は、家庭の中での母親と父親の関係性についてもきっとよく見て感じているはずだから、まずは親同士がフラットな関係性を築くとかですかね。

——Chara さん自身も男の子の子育てを経験していらっしゃいますが、何か気を付けていたことや大切にしていたことはありますか？

いろいろあったけど、忘れちゃったな（笑）。でも『はなのすきなうし』という絵本が好きで、よく子供に読み聞かせしてました。主人公は闘牛場に連れて来られたフェルジナンドという牛。彼は花が好きな優しい性格なのね。お母さんは、フェルジナンドはそのままでいいと思っていて、「〝闘牛は闘牛らしく〟という生き方じゃなくても良いんだよ」と認めてあげるの。私も〝男の子は男の子らしく〟なんて思っていなかったし、そういう気持ちや考えは、息子も感じてくれていたんじゃないかな。

取材後記

AFTER THE INTERVIEW

No.12

Billboard JAPAN のチャートにおけるジェンダーギャップについて説明すると、Chara さんは「私もチャートにはあんまり入らないんだよね」と呟いた。もちろんそんなわけはなく、彼女の甘く切ない恋の歌に共感し救われてきた人は決して少なくないだろうし、筆者もその 1 人だ。Chara さんは、インタビューでたびたび〝言葉で伝える大切さ〟について語ってくれた。恋の歌を歌ってリスナーを勇気付け、プライベートでは子供に「男の子は男らしくなくていい」「あなたはあなたのままでいい」と伝えてきたそうだ。

筆者は男の子に生まれたことも男の子を育てたこともないけれど、映画『バービー』を観ても、カウボーイの時代から受け継がれているような〝男らしさ〟の呪縛がいかに強く、根深いかがよく分かる。映画の中でケンがバービーに泣きつくように、男性性の押し付けに悩む気持ちを認めて、人に泣き言を吐ける男性は現実世界に今どれくらいいるだろうか。

「女らしくしなさい」と言われる鬱陶しさから解放されることの喜びを、私たちはもう知っている。次は、「男らしくなくていい」と言葉にしていく番かもしれない。

女性であることをネガティブに感じないのは、過去に女性たちが戦ってきたおかげ

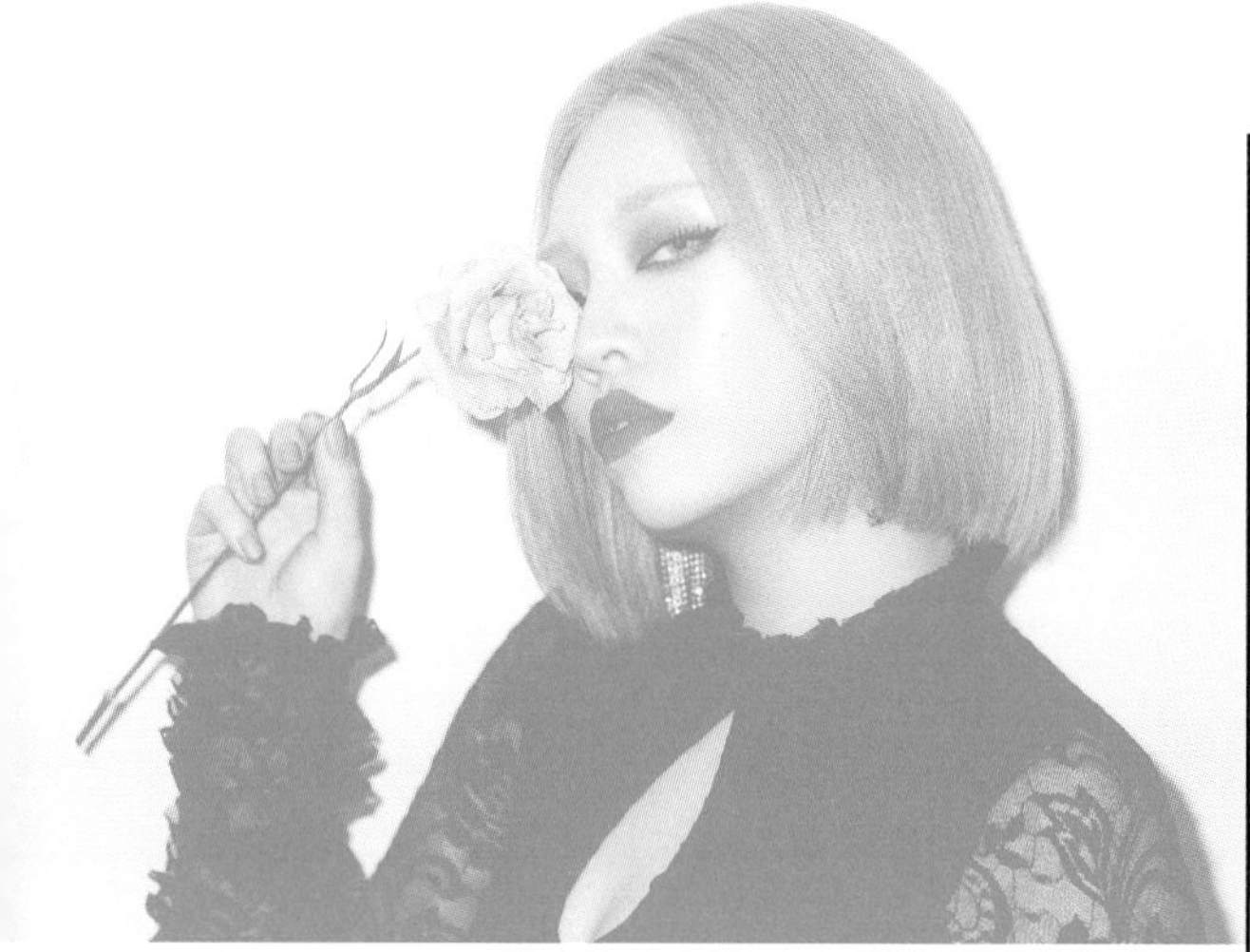

ちゃんみな

PROFILE

日本語、韓国語、英語を巧みに操るトリリンガルラッパー／シンガー。2017年、メジャー・デビュー。2022年には韓国で全編韓国語楽曲『Don't go (feat. ASH ISLAND)』をリリース。2023年には、自身最大規模となる横浜アリーナにてワンマンライブを成功させた。

自分のやりたいことを貫いて輝く姿に憧れる

――ちゃんみなさんは幼少期にピアノやバレエ、ダンスや歌を始めたとのことですが、幼い頃に憧れていた女性はいますか？

バレリーナだった母が、幼い頃の私の一番の理想像でした。母親が仕事に出かけるときに、髪を結ってステージメイクをして出ていったり、自分の稼ぎで買った宝石を身に着けていたりする姿に憧れていましたね。父親も仕事熱心な人でしたが、母はそれに頼らずに、自分の得意なことを見つけて自らの良さを引き出し、信念を貫いてそれらを仕事に繋げている。その姿勢に幼心に感銘を受けていたのだと思います。もう少し大きくなってからはアヴリル・ラヴィーンを知ってファンになり、今でもずっと好きで、勇気を出したいときにはよく聴いています。自分のやりたいことを貫いて輝く姿に憧れるのは、母に対する気持ちと同じ感覚ですね。

――お母さまやアヴリル・ラヴィーンなどへの憧れがあったからこそ、今のちゃんみなさん自身も、自分のスタイルや信念を貫いているのですね。

もともと私は、〝自分の心の声〟をよく聞くことができないタイプだったんですよ。休みが必要なのについ無理をしてしまったり、それで体を壊した経験もあって……だから音楽を通じて、ノートに詩を書きながら、〝今、何を感じているのか〟、〝何を欲していて、何が要らないのか〟と、自分の心のチクチクしている部分にも向き合うようにしています。私にとって詩を書くのは〝セラピー〟に近いのかもしれません。

詩を書くことで、自分の心と向き合ってきた

――歌詞を書くことで自分自身の内面を見つめているんですね。それが自

分にとってセラピーになっているのには、いつ頃気が付いたのですか。

詩自体は、7、8歳のときから書いていました。学校の授業に集中できなくって、自分が感じていることを書き留めるようになったんです。それが習慣化していて、デビューして多くの人に歌を聴いてもらうようになって、中には共感してくれるような人も出てきた。そのとき、自分では気にも留めていなかったけれど、「私が感じていたことを言葉にしていただけなのに、同じような気持ちになってくれる人がいるんだな」と感じて。だったらなおさら人に求められていることを書くのではなく、自分が本当に感じたことを書きたいと思った。そうしてそれまで無意識にやっていた詩を書く行為に向き合ってみて、改めて、自分にとってはこれが日課でありセラピーであり、人生のようなものなのだなと思ったんです。

――自分の気持ちを歌詞で綴るのと、それをステージに立って発表することの間には大きな壁があるように感じます。

それが不思議なのですが、少女時代は内気だったはずなのに、ステージに立つことだけはできちゃったんですよね。自分でもよく分からないんですけれど、自信を持っていることだからかもしれません。ただ未だに毎回めちゃめちゃ緊張しますよ。ライブ前のスケジュールに1人になる時間を入れているんです。1人になって自分と向き合う時間が必要なんです。

——緊張したり、困難にぶつかったときには、1人で自分と向き合うのがちゃんみなさんの解決方法なんですね。いつもそうしているんですか？

結局、そうするしかないんじゃないかと思うんです。人からもたらされる安心感とか、人がケアしてくれる部分もあるかもしれないけれど、そこに頼っていたらそこに頼るしかなくなってしまう気がして……親友やそのときの恋人に話すかもしれないけれど、それをはけ口にしたり、その人を利用して自分を立ち直らせるのはあんまり好きなやり方じゃないですね。

憤りやコンプレックスは歌に込めるのが自分のルール

――歌詞を書くのがセラピーならば、使う言語によって思考も変化するようなことはあるのでしょうか。ちゃんみなさんは日本語、英語、韓国語の3カ国語を使い分けていますよね。

私、それぞれの言葉だとちょっとずつ足りないというか……3カ国語全てでやっと一人前という感覚なんですよ。それぞれの言語にしかないニュアンスがあるし、本当は全部使って話したい。それでやっとフルパワーなんです。寝言も、頭の中で考え事をするときも、いつも3カ国語がごちゃ混ぜ。父から習った日本語は男言葉的で、母から習った韓国語は女言葉的、テレビやドラマで学んだ英語はフランクな喋り方で、考え方もきっと少しずつ違うのでしょうけれど、私の中には全部あるイメージです。

――すごく面白いですね。でもそれだけ言葉はちゃんとみなさんにとって繊細なもので、重要なんですね。フリースタイルラップはまさに語彙力で戦うジャンルですが、そこでの活躍が注目され〝女子高生ラッパー〟と紹介されることも多かったと思います。どう感じていらっしゃいましたか？

対戦相手のフィメールラッパーとラップ以外のところで比べられることに対しては強い憤りがありましたね。どちらが可愛いだとかセクシーだとかで揶揄されて、それまで積み上げてきた実績が、なかったことにされてしまう。でもそのことに対しては、自分の中納ルールとして、SNSなどで反論するのではなく、歌で返すと決めていました。そうして、『美人』や『Princess』『Doctor』といった曲ができた。そうやって憤りやコンプレックスを音楽に昇華することができていなかったら、私の人生はもっといろいろなことを諦めていた人生になっていたと思います。

過去の女性たちが切り拓いた世界で、これからも歌で戦い続ける

――女性であることは、活動に影響を与えていますか？

幸いにも、先ほど述べたこと以外の部分では、女性であることをネガティブに感じるような場面はありませんでした。それにこれから結婚や妊娠、出産を経験したら、歌詞の内容や表現できることも広がっていくかもしれない。ただ、私が今こう感じられているのは、過去に女性たちが戦ってきたおかげだと思うんです。だからこそありがたいと思うと同時に、私たちもずっと戦っていかなきゃいけないし、逆に、そこにあぐらをかいて男性を差別するようなこともあってはいけない。私も『美人』で歌っているけれど、他人の容姿について文句言うなっていうのは、女性に限らず、男性に対しても平気で、「あいつハゲてるし」「もうちょっと身長が高かったら」とか言うのも違う。お互いがお互いをリスペクトしていかないと。

男女の壁ってウチらが思っているより高くて、女性に対して「肌出してれば金稼げるじゃん」とか「ケツ振ってりゃいいじゃん」みたいな考えを持っている人もまだまだ多いと思う。それでも、「家事は女性がやるもの」という考えが古いものとされるようになったのも、過去の人たちにとって変えられてきた価値観で、着実に歩み寄ってるな！とも思うんですよ。

――〝過去の女性たちが戦い切り拓いたところに今立っている〟というその感覚は、どういったときに得たのですか？

いろいろな国に行って、いろいろな人々と出会ったことが大きいです。日本でも女性差別はあるけれど、世界的に見たらより状況が良くない国もある。実際、私の周りにはジェンダーバイアスがない人が多くて、私自身が〝女性だから〟〝男性だから〟ということをあまり考えずにここまで生きてこられた。私はとにかくみんな平等であってほしいと願うばかりで、問題には向き合い続けながら、改善された点にも目を向けたいと思います。アーティストとしては、24歳（※取材日現在）の女性として生きていて何を感じているかを、地に足を着けて音楽にしていきたいです。

取材後記

AFTER THE INTERVIEW

No.13

ちゃんみなさんに限らず、いろいろなメディアでインタビューを続けてきて、「〝女性だから、男性だから〟ということを意識せずにやってこられた」という声は少なくなかった。ちゃんみなさんは、その理由を「過去の女性たちが戦ってきたおかげ」と分析する。女性が参政権を持ったのも、社会に出て働けるようになったのも、先人たちが戦ってきたおかげである。では、これから未来の女性たちに対して何ができるのか。それを考えたとき、未来に向けてできること、というにはあまりに消極的だが、「自分がされて嫌だったことは、他人にもしない」というのは、今を生きる私たちの最低限必須条件だと思う。

ちゃんみなさんと話をしているとき、自分はこれまで男性の容姿を揶揄してこなかったか、ドキッとした。この〝ドキッとする〟瞬間がなくなったときには、もう向こう（昔、嫌なやつだなと思っていた大人）側に行っているのだろう。その橋は渡りたくない。そのためには、ときに1人になり、立ち止まって、自分の心と向き合うこと。私は歌詞を書かないけれど、スケジュール帳に〝自分と向き合う時間〟を書き入れておく必要があるかもしれない。

TOMOO

『性別でカテゴライズしづらい、“自分なりのあり方”を知っている人になりたい』

PROFILE

シンガーソングライター／6歳でピアノを始め、作曲にも興味を持つ。中学時代にはオリジナル曲の制作を開始した。ライブハウスでの活動などを経て、2022年8月、デジタルシングル『オセロ』(PONYCANYON／IRORI Records）でメジャーデビュー。2022年には5都市を回るツアー『TOMOO 1st LIVE TOUR 2022-2023 "BEAT"』を実施。2023年6月には東阪NHKホールでワンマンライブを成功させた。

性別のカテゴリに囚われずに、自分らしくいる人に憧れる

——楽曲制作や歌うことを始める前には、演劇部で男役を演じていらっしゃったそうですね。

そうなんです。中学、高校と女子校に通っていて、演劇部では男役を演じていました。女性しかいない環境なので、声が低い人が男役を担う流れがあったのと、小学校は3対1の割合で男性が多い環境で、「対抗しないと負けちゃう」「男の子になりたい」などと思ったりしていたので、自ら望んで男役を演じていました。演劇では毎回違う人格を演じるわけですが、演じる上での〝男性らしさ〟は自分がこれまで見てきた実際の男性の記憶から抽出したり、アニメをたくさん観て研究しました。演劇部の活動をしているとき以外は、日々の生活で性別を意識することがほぼない女子校生活だったので、いわゆる〝女の子らしく〟というのが私にとっては難

しかったですね。

――男性を演じることが、ジェンダーについて意識をする機会になっていたというのが興味深いですね。幼い頃に憧れていた女性はいますか？

ジブリ作品を観て育ち、特に『もののけ姫』のサンが好きでした。山犬の母譲りの強い口調でアシタカを牽制し、野山を駆け回ってナイフも使えるサンが研ぎ澄まされた刃のようで、カッコいいなと思っていたんでしょうね。あとは、彼女の激しい感情表現にも憧れていました。私自身もおしとやかというタイプではなかったですし、小さい頃、「弱いものいじめをするような相手には敢然と立ち向かいなさい」という教育方針だった気もします。おしとやかじゃなかったのはサンに憧れていたことから来たのかもしれない。〝卵が先かニワトリが先か〟みたいな話ですけれど。

――演劇部で男性を演じることを選んだことも、その地続きにありそうですね。大人になって、その理想は変化していったのでしょうか。今、素敵だなと思う女性像はありますか？

女性、男性どちらに対しても「こうなりたい」という明確なビジョンはないんです。女性、男性という枠にカテゴライズしづらい、自分なりのあり方を知っている人になりたいとは漠然と思っています。

生々しい感情の発露の方法として、曲を作るようになった

――音楽の道に進んだのは、「友達に手紙を書こうとしてメッセージを考えていたら、歌ができた」というエピソードがきっかけだそうですね。とても素敵なお話だと思います。思いが高まって自然と曲ができたのですか？

幼少期からピアノを弾くのが好きだったので、メロディに歌を乗せてワンフレーズくらいの曲を作るようなことは遊びの一環としてやっていたんです。でも、人に聞かせるために作ったのはそのときが初めて。ちょうど

シンガーソングライターであるシギさんの音楽に出会った頃だったというのも大きいと思います。シギさんの歌は、それまで私が聴いてきた耳馴染みの良いポップスとは違って、自分の生々しい感情を歌に乗せて、吐露しているという印象でした。「こんな感情の放出の仕方があるんだ」と衝撃を受けたんです。その衝撃に後押しされて、手紙にしたためようと思った感情が曲になったという感じですね。

――そうして初めて人に自分の曲を披露して、そのご友人に背中を押されて音楽の道に進んだそうですが、感情の発露として曲を作っていると、曲ができるタイミングと、お仕事としての曲作りが必要なタイミングとが合わないこともありそうですが……。

それはめちゃめちゃありますね。感情が動くような出来事があってから、実際はメープルシロップを幹から採取するときに雫が落ちるように、漠然とした感情が少しずつ、〝ぽちょん、ぽちょん……〟と溜まっていって、いっぱいになってやっと曲ができる、という作り方をしているんです。今はそうやってできたものや、曲にならなくて取っておいた種のようなものをきっかけとして曲を作っています。大学で心理学を専攻していたこともあって、人の心の機微を客観的に分析するような眼差しも持つようになった気がします。例えば人間関係において何か摩擦が起きたときにも、「事情があるから、こういう反応が起きているんだな」と冷静に深読みする視点を得たんですね。それも曲作りに生かされていると思います。

可愛らしさが重視される時代から、多様な個性が受け入れられる時代へ

——自分の感情の発露を音楽として表現する手段を得て、さらに心理学的な観点から人の心を観察する力が備わったんですね。では、〝女性であること〟は曲作りや音楽活動に何か影響があると思いますか。

現在進行形ではあまり思い浮かばないのですが、活動を初めて間もなか

った頃に、ある人から「曲のセンスは良いけれど、声が低すぎる。この声の高さではメジャーシーンでやっていくのは難しいから、あと2、3音はキーを上げて歌えるようにしたほうが良い」と言われたことがありました。今から10年以上前のことですが、「男性に対しては、そんなことは言わないんじゃないかな」「〝女性〟シンガーソングライターだから、可愛らしさが重視されているのかな」と感じたのを覚えています。

——TOMOOさんはその伸びやかなアルトボイスが特長だと思うのですが、その長所を打ち消すようなことを言われていたこともあったのですね。その際は、どう反応したのでしょうか。

実際のところ、年月やボイトレも経て歌のキーは上がっていたりもしているのですが、自分の声の強みやキャラクターにかかわる部分までは、「できないものは、できないしな」と、諦めてしまいました（笑）。言われた通りに方向転換するために時間をかけるよりも、自分が今感じていることに時間をかけたいと思った。自分がやるべきことに手一杯で、気が回らなかったですね。そうやって私なりの表現を続けてきて、それを喜んでくれる人がいる今はすごく楽です。シーン自体も、本当に多様な女性シンガーが登場して受け入れられているので、時代によってトレンドも変わることを実感しています。

自分が好きなものを見つめる目を濁らせないようにして

——最近では、顔や性別を出さないアーティストも増えていますよね。ここ10年で時代が大きく変わったのを感じます。

まさにそうですね。当時は私という存在をどこにカテゴライズすればいいのかがわからなくて、その人の発言も、カテゴリをわかりやすくするために考えたうえでのアドバイスだったのだと思います。TOMOOという名前も、それだけでは男女どちらか分からないですし、今でもよく声だけ聴いて「男だと思った」というコメントをもらうんですよ。でもそれ対して自分でも驚きはなくて。『夜明けの君へ』という曲のMVでは、ジャケットスタイルの衣装で歌わせてもらいました。監督が私のライブ映像を観て、私の男らしい……う一ん、〝男らしい〟という表現もちょっと違いますね……性別を超えた表現に注目してくれたからこそできたMVで、自分がやりたかったことが実現した気がして嬉しかったです。

――メジャーデビューしてからは、曲が届く相手もガラッと変わったのかもしれないですね。改めて、メジャーデビュー前の自分にアドバイスをするとしたら、なんと声をかけますか。

右も左も分からない状態のときって、「こうしたほうが良いよ」と言ってくれる人の言葉や評価が、今後も半永久的に持続する全てに思えてしまうことがあると思うのですが、当然ながら時代が変われば流行りも変わります。だから自分が他人からどう位置付けられているかを気にするよりも、「自分が何が好きで、何を見ているかを大切にすれば良いよ」ってことですかね。完成形を目指さなくていいから、目を濁らせちゃダメだよ。

取材後記

AFTER THE INTERVIEW

No. 14

力強いピアノのメロディに乗せた、伸びやかで安定感のあるアルトボイス。アーティスト写真を見て抱いていた〝儚げ〟〝可憐〟といったイメージがいかに的外れだったか、TOMOOさんの曲を聴いて思い知らされた。それは私自身が、日頃から嫌だと感じていたはずの〝ルッキズム〟そのものではないか。

2023年夏にドラマ化された漫画『こっちを向いてよ向井くん』では、主人公の向井くん（男性）がガールフレンドに「ずっと守ってあげたい」と言った挙句、「守るって何？」とフラれていた。その後、向井くんは女友達の坂井戸さんから「見下されてんなーって思っちゃいます」と指摘され、自分が頼りないと思われていたのではなく、ムカつかれていたのだと気が付く。

「今の日本では盗賊が毎晩襲ってくるワケでもないし」（作中での坂井戸さんのセリフから引用）、男性が優越感を得るために女性を庇護すべき立場に置こうとする風潮は薄気味悪い。TOMOOさんの「性別を超越して評価される存在になりたい」という思いは、私のように勝手なイメージを孕んだ不躾な視線から解き放たれるための一歩なのかもしれない。

中島美嘉

恥ずかしがらずに正直に言うと、今一番好きなアーティストは自分

PROFILE

アーティスト。2001年、自身が主演したテレビドラマ『傷だらけのラブソング』の主題歌『STARS』で歌手デビュー。以降、『WILL』『雪の華』『GLAMOROUS SKY』など数多くの楽曲がヒットした。アジア各国で単独公演を成功させるなど、海外にも活躍の場を広げている。

幼少期から身近に
カッコいいと思える女性がいた

――幼少期、中島さんがロールモデルとしていた女性はいましたか？

幼い頃は誰でもそうかもしれないけれど、身近なカッコいい女性といえば母や姉でした。それでも社会に出るまでは普通の親だと思っていましたが、自分がアルバイトを始めたり、周囲に大人が増えていくにつれて、「うちの親ってすごかったんだな」と素敵なところに気が付くようになりました。母親から言われたことは今でもいろいろ覚えていて、「あの人みたいになりたい」と憧れていたから、言うことを聞いてきたのだと思います。

――お母様から受け取った言葉で、大切にしているのは？

たくさんある中でも、よく言われていた「借りたものは、借りたときよ

り も 綺麗にして返しなさい」というのは、今でもたびたび思い返す、自分の礎になっているような言葉です。言葉の通り、〝何か物を借りたら丁寧に扱って綺麗にして返す〟のも大切ですし、最近の私の解釈は、〝自分の体も借り物で、ちゃんと綺麗にして神様に返さないといけない〟ということ。ちょっとスピリチュアルになっちゃいますけど（笑）。でもその母の言葉があったから、何ごとも綺麗に返すために準備が必要だと考えるようになりました。大人になった今にも繋がっている、ヒントのような言葉を幼少期から投げかけてくれた母に感謝しています。

――理想の女性像は、年齢や経験を重ねて変化していますか？

大きくは変わっていないですね。私、〝カッコいい女性〟に憧れていて、昔からそうありたいと思ってきました。でも若い頃はもっと表層の、見た目のカッコよさを求めていたような気がしますが、今では「内側から出てくるものだから、表層だけ取り繕うことはできない」と分かっている。カッコよさが生き方の問題だと思うようになったのは、年齢や経験を重ねてたからこそ起きた変化です。

周りの才能を引き出してまとめる力
それがある人がカッコいい

――中島さんが考えるカッコいい女性とは、どんな女性を指すのでしょう。

周りの意見を聞いて、まとめる能力のある人。私が音楽業界で生きているからかもしれないけれど、自分の意見だけを突き詰めていくほうが安易で、周囲の人々の意見を取り入れていくほうが重要で難しいということを感じます。ありがたいことに私は才能に溢れた人々に囲まれて、「どうしたらみんなが楽しく、力を発揮できるか」を苦心するのが自分の役割だと思っています。

――素敵な考え方ですね。いつからそうそのように考えるようになったのですか？

デビュー当時からそうで、この考えは長らく変わりませんね。私は18歳の頃、全く無知な状態で仕事を始めたので、周りの人に助けてもらわなければ何もできませんでした。手取り足取り教わりながら1日1日を過ごしていて、ずっと「たまたま自分は、前に出て歌う役割だったんだ」と思ってきました。

――逆に、変化したのはどんな部分ですか？

歌詞に関しては、経験値が少ない昔と今とでは自分自身の解釈が違う部分があります。例えば「昔の歌を歌ってほしい」と言われると「今も良い曲あるのに」と感じるアーティストがいるとも聞きますが、私は「昔の歌を歌うのは、今の私が歌うからこそ、楽曲の新しい側面を表現できる。その貴重な機会だ」と思っています。それと過去の私は、強い女性を描いた楽曲を歌うことで、自分をそのイメージに近づけていたような気もします。

パブリックイメージと素顔の自分
そのギャップに助けられていた

——確かに、中島さんに対して強くてクールなイメージを持っている人もたくさんいると思います。素顔の中島さんは、パブリックイメージとギャップがあるのでしょうか。

クールで強い印象を持ってもらえるのは嬉しいのですが、皆さんのそのイメージと実際の私は全く違うものかもしれません。でも、狙って作り上げた中島美嘉像ではないんですよ。単純に、歌番組に出演したときも、緊張や人見知りで上手く喋れなかったり、顔立ちが冷たく見えたり……そういったことの積み重ねが、中島美嘉のイメージを作っているんですね。実際の私は、みんなを巻き込んで賑やかにしているし、楽屋でもうるさい。1人でいるよりも、人と会っておしゃべりをしていたほうが、ストレス解消になるんです。

――世間のイメージと実際の自分との間にギャップがあることは、ストレスになりませんでしたか？

むしろ異なるイメージを持ってもらえることはありがたかったです。近寄りがたいのか、あまり外で話しかけられることもなくて、人見知りの自分としては助かりました。全然声をかけてくださっても大丈夫なんですけれどね。

今、自分自身が一番好きなアーティスト

――2022年5月に発売したアルバム『I』では、ご自身で全曲の作詞・作曲を手掛けていますね。作詞をするという作業は、中島さんにとっ

てどういった行為ですか?

歌詞を考えるときには自分の感情と向き合うことになるので、ストレス発散にもなるし、自分にかけてあげたい言葉が見つかったりする。あとは、「こういうことを言える人になりたいな」という理想を歌詞で表現することもあります。作詞をするときには、自分自身にアップダウンがあることが良かったと思います。そういう自分が嫌になったこともあるけれど、喜怒哀楽があるから曲ができるんですよね。

――では、女性であることが音楽活動に影響を与えることは?

このインタビューを受けるにあたって改めて考えてみたのですが、私自身、あまり影響を感じたことがないんです。衣装もスカートでもパンツでも良いし、歌詞の一人称を「僕」にしても良い。1つだけ思ったのは、女性のほうが無難が好まれやすいということでしょうか……例えば、私はタトゥーを入れているのですが、タトゥーが見えるファッションで撮った写真をSNSにアップしただけで、そのことがインターネットで記事になったりします。私自身はたまたま恵まれてそのような経験はありませんでしたが、出る杭は打たれるという風潮によって表現にブレーキをかけているアーティストがいたら悲しいですね。

――中島さん自身がエンパワーメントされる女性アーティスト、または楽曲があれば教えてください。

恥ずかしがらずに正直に言うと、アーティストとしては今、自分が一番好きです。聴きたいと思うのも自分の曲。そう思えているのは、きっと20年以上積み重ねてきたものの結果。昔は自信なんて全くなくて、「申し訳ないな」と思いながらステージに立ってきました。失敗も数えきれないほどあるし、耳の調子が悪くて落ち込んだ時期もありました。それでも今は自分で素晴らしいと思える作品が作れている。支えてきてくれた人々に恩返しをするまでは、この仕事を辞められないですね。

取材後記

AFTER THE INTERVIEW No.15

「女らしくしなさい」「あなたらしくない」というのは、犬山紙子さんが言うところの〝クソバイス〟（相手から求められてもいないのに、上から目線で持論を押し付けること）だ。人が人をカテゴライズして決めつけるのは、やられた側にとって足枷になりかねない迷惑行為に違いない。

と言いつつ、私は中島美嘉さんに対して長年〝ミステリアスな孤高のアーティスト〟というイメージを勝手に抱いていた。ところが実際にお会いしてみると、「今の自分が一番好き」とはにかむ人間らしい人だった。このインタビューのあと、2023年8月にはル・ポールから影響を受けて制作したというシングル『We are all stars』を発表。ミュージックビデオでは、EDM調の音楽に合わせて、ピンク色のウィッグを身に着けた彼女がパフォーマンスしている。それまで抱いていたイメージは、良い意味で裏切られた。

「出る杭は打たれるという風潮によって、表現にブレーキをかけているアーティストがいたら悲しい」と話すインタビュー中の彼女の表情が、頭の中に浮かぶ。そのときどきで〝好きな自分〟でいるために挑戦を続ける中島さんの姿を見て、自分も背中を押される気がした。

仲條亮子

YouTube 日本代表

昔と比べて大きく変化している時代、良いほうにどう加速させるかを考えたい

PROFILE

YouTube 日本代表。千葉県出身。テレビ番組のアナウンサーを経て、ブルームバーグ L.P. 入社。放送部門のアジア環太平洋の代表、在日副代表を歴任した。2013 年から Google の日本法人であるグーグル合同会社のディレクターを務め、2017 年、YouTube 日本代表に就任。

表現者、ビジネスリーダー、母親……みんな社会やコミュニティに貢献している

――小さい頃に憧れていた女性像を教えてください。

まずは私の母です。帰るといつも家にいて、自分の世界を守ってくれているようで、子供にとっては嬉しいものでした。もうひとつはニュースキャスターの女性たち。私の幼少期に女性キャスターが登場し、ジャーナリストとして社会のために自分の言葉で発信する姿勢をとても素晴らしいと思いました。そして3つ目は、エンタメの世界の人たち。私の時代には『ベストヒットＵＳＡ』が人気でした。憧れたのはアーティストの表現する力。音楽だけでなく、使う言葉や表現方法にも惹かれていたんです。

――女性のさまざまな側面を見て、多面的に魅力を感じていたのですね。

そう言われてみると、そうですね。自分自身も何かを作ることが好きでした。だからこそ、アーティストやクリエイター、映画関係者など、何かを無から作り出せることを素晴らしいと感じていたんです。

——その理想の女性像は、歳を重ねることで変化しましたか？

表現者へのリスペクトは変わらないですね。加えて自分が経験を重ねて感じるようになったのは、表現者、ビジネスリーダー、ジャーナリスト、母親、どんな立場の人でも社会やコミュニティに貢献している人たちだということ。あとは失敗は誰にでもあるものなので、失敗しても立ち上がってまた新しい何かを形にする人たちには、男女問わず力をいただきますね。

——経験を経て、リスペクトの対象が増えたのですね。YouTubeでは新しい表現者が次々と生まれていますが、注目している女性クリエイターは？

さまざまな表現で世界に発信をしている人がYouTubeの中にたくさん現れています。今となってはYouTubeで発信すること＝世界デビューです。〝サロメ嬢〟こと壱百満天原サロメさんや、P丸様。さんの人気や波及力は凄まじいです。そういったクリエイターたちの多様な表現を見ていると、「自分らしさは自分で決めて良いのだ」と勇気をもらえます。

やりたいことを諦めないために、2年かけて周囲を説得した

――小中学生だった頃の仲條さんは、どんな子供だったのですか？

小学校の同級生からは、昔から〝自由を身に纏っている子〟という印象を持っていたと言われました。何かから解放されたいという気持ちがあったのかもしれませんね。当時は女の子だからという理由で行動を制限されることが当たり前だった時代です。例えば、女性がニュースを読むのは難しくて、天気予報が中心だったり、コーナー回しの仕事が多かったり……

そんな世界ながら、私自身はどう自分がやりたいことをしていけるかを考えていました。女の子だからって諦められなかったんですね。

――やりたいことを諦めないために、どうしたのでしょうか。留学をし、キャスターという仕事を手に入れたのは何かから解放されたとも言えますが。

まずは何より、周りを説得しなければいけなかったですね。留学がしたいと思っても、「なぜ女の子がこの町から出て留学するのか」、「この町や近所の学校ではだめなのか」という議論に、親だけでなく、なぜか親戚や近所の人たちまでも加わってきました。一同に納得してもらうのに2年ほどかかったんです。でもそうやってみんなを説得したおかげか、出発の日には小中高それぞれの学校の先生や教頭先生、親戚、友人まで30人ほどが成田空港に見送りに来てくれました。今から考えると信じられない光景ですが、多分それなりに皆さんから愛情をいただいていたのだと思います。だからこそ、それをしっかりと社会や、自分の子供たちにも返すこと、また一緒に仕事しているチームにも返すことは当たり前だと思っています。

さまざまな経験を経てから迎えた
妊娠・出産で感じたこと

――今は2人の息子さんの母親でもいらっしゃいますが、妊娠や出産はキャリアにどんな影響がありましたか？

私は26歳で結婚して、すぐに子供が欲しかったのですが、なかなか恵まれず、母親になるまでに10年以上かかりました。その間はただときが過ぎているようにも感じていましたが、ある程度歳を重ねて仕事のやり方を理解したうえで妊娠・出産を迎えたからこそ、なんとかなったこともたくさんあると思うんです。何歳で産んでも、子育てって分からないことばかりでしょう。それに仕事も訳が分からない状態だと、子育ても仕事も混沌としますよね。私は子供に恵まれるまでに、仕事以外の複数の案件を同時に進めながら長期的に取り組むことが日常的だったんです。そうしてやっと母親になれたときには、取り組んできたことの幾つかの時間やエネルギーを子育てにシフトできた。仕事と子育て、双方の学びを生かせたのは、経験を経てから妊娠・出産・子育てに臨めたからだと思います。

――年齢を重ねてから妊娠・出産・子育てに挑もうとしている人にも勇気が出るお話かもしれませんね。それ以外に、社会システムの面で女性が働きやすくなるためには何が必要だとお考えでしょう。

私が20〜30代だった頃よりも、圧倒的に情報にはアクセスしやすくなりました。そのことによって時間を短縮でき、自分の日々を設計しやすくなった面はあると思います。一方でそういったテクノロジーで解決できない部分としては、社会システムの中の周囲や本人のマインドセットの在り方が重要です。仕組みがあったとしても、マインドセットが伴っていなければ多様性ある働き方は難しいと思います。

――マインドセットとは、具体的にどのようなものでしょうか。

会社などの社会の組織において、〝自分が自分らしくいられる状態で、お互いをリスペクトして貢献し合える環境を作る〟という基本をきちんとやっていくと、解決することは多いと思います。つまり〝心理的安全性〟ですね。例えば、「子供の具合が悪いので早退します」と会社に伝えづらいという親の話はよく聞きます。最近は改善されてきた部分もあるとは思いますが、まだ十分じゃない。個人がそれぞれ責任あるマイルールを持っていることを尊重するメリットを周知して、理解を進める必要があります。

〝ジェンダーバイアス〟について、子供に気付かされることもある

――子育てにおいてジェンダーバイアスについて気を付けていることは？

むしろ、息子たちに指摘されます。「それはステレオタイプなんじゃない？」って。うちの子供が通っている学校では、社会課題をテーマにした

ディスカッションも積極的に行われているようです。なので、家族とはフラットに意見を話し合っていて、私も彼らから日々学んでいます。

――心強いですね。では、音楽やエンタメ業界でジェンダーギャップを解消するには、何が必要だと思いますか？

解決されない問題は多々ありますが、私は希望を感じているんですよ。少し前までは、会議の参加者の内、女性は私だけという現場も多くありましたが、そんな状況も少なくなりました。重要な意思決定の場でも、女性の活躍を目にすることが多くなってきましたね。かつては「女子は大学に行かなくてもいい」という時代さえありました。そういった言葉は、意識に刷り込まれます。私自身が母親の影響を受けて、学生の頃は長く働く気がなかったわけですから、マインドセットの影響は計り知れません。それが変わりつつあるのを感じます。個々人の努力はもちろん、次世代の人たちの成長のためのプログラムがあったり、社会全体でのポジティブな働きかけがあったからだと思います。私たちは希望を持ちながら、この変化を加速させるために何ができるかを考えるべきなのではないでしょうか。

取材後記

AFTER THE INTERVIEW

No.16

〝成功している人〟にばかりフォーカスしても現実は変わらない、夢を叶えている人を見ると劣等感が強まる、という声がある。でも、メディアで紹介されるのは、往々にして〝そちら側〟の声が多くなりがちだ。これまでたびたびその問題をどうすべきか悩んできたけれど、今回の仲條さんへのインタビューを介して、自分なりの答えの糸口が見えた気がした。

仲條さんは、「留学がしたい」という願いを叶えるために、親だけでなく親戚や近所の人まで説得する必要があったそうだ。最近ではにわかに信じられない話だが、そんなに昔の話ではない。彼女がこれまでに叶えてきた華々しい経歴は、もちろん特殊な能力を使ったわけでもなく、地道に努力してきた結果の集積なのだ。仲條さんは今、価値観を更新するのに息子たちからも良い影響を受けているという。そこに至るまで……つまり結婚してから子供を授かるまでにも、長い時間がかかり、苦労があったことも話してくれた。

〝そちら側〟に見えている人も、1人ひとり違うし、見えていなかったとしても誰しも多かれ少なかれ影や困難を抱えている。仲條さんの話を聞いていて、〝そちら側〟と〝こちら側〟を分ける壁など本当はないのだと分かった。人のことが眩しくて辛くなるときには無理をして人のことを見る必要はないが、目を凝らしてみると、意外なものが見えてくるかもしれない。

にしな

Photo by Miu Kurashima

コンプレックスがある自分のことも、今は気に入っていると言える

PROFILE

ミュージシャン。レコード会社が主催するアーティスト養成講座への参加をきっかけに、ライブハウスで活動を開始。2021年デビュー。同年Spotifyの次世代アーティスト応援プログラム『RADAR:Early Noise』に選出される。

コンプレックスがある自分のことも、今は気に入っていると言える

――にしなさんは、小さいときにはどんな女性に憧れていましたか？

憧れていた女性像というのは特になくて、正直に言えば思春期には自分が女性らしくなっていくことが恥ずかしかったのをよく覚えています。それが嫌だというわけではなく、体の変化などが照れ臭かったんでしょうか。なんだか不思議な感じでしたね。ただ男女問わずミュージシャンには憧れていました。歌うことは好きだけれど人前に立つのは恥ずかしかったので、当時の私には堂々とパフォーマンスをするミュージシャンがとてもカッコよく見えたんです。

――その憧れていた存在に、今ご自分がなっているのはすごいことですね。

とてもありがたいですよね。今の自分自身のことは、けっこう気に入っているんです。

――それは素敵なことですね。中にはコンプレックスが強くて自分自身を認められない人もいるとは思うのですが……。

そうですよね。私自身も「気に入っている」と言いながらも、もちろんコンプレックスもたくさんあるんですよ。男女を問わず、日本では「痩せているほうが良い」などビジュアルに対するあらゆる理想の条件が強く残っていますよね。「自分をもっと好きになるために、もっとこうありたい」と変化を望むのはいいと思うけれど、その前にまず今の自分を認めてあげてほしい。幸い、今私はメッセージを発信できるお仕事をしているから、「自分がちゃんと自分を愛するべきだ」と伝えたいと思っているんです。

環境が変われば常識も変化する それに気付くと自分を認められる

――なるほど、人に伝えたいメッセージが自分にも返ってきているような面もあるのでしょうか？　何か、〝自分自身を気に入っている状態〟を維持していくコツのようなものはあるのでしょうか。

例えば「痩せているほうが綺麗」というような考え方も、育ってきた文化の影響だったり他人から与えられた思考ですよね。違う国ではまた違うものが美しいとされているかもしれないし、一見常識とされているようなことでも、必ずしもどこでも絶対正解という訳じゃないと思うんです。だからその常識を一度疑ってみるために、環境を変えるのも大切だと思います。

――今いる自分の世界が全てだと思わないようにするということですね。にしなさん自身は、どうやってその考え方を導き出したんでしょう。

私は昔からちょっとひねくれているところがあるので、物事を違う角度で見てみる癖がついているのかもしれません。例えば自分のことが気に入られていないような状態だったとしても、他人に否定されたら「何であなたにそんなこと言われなきゃいけないの」って、逆に自分では肯定したくなったり……具体的なエピソードは出てこないけれど、何かコンプレックスを刺激されるようなことがあったら、それをきっかけに自分自身を認めてあげようという方向に意識が向かっていくようなところがあるんです。

——そう考えられるようになると周囲のノイズの聞こえ方も変わってきそうですね。では、女性であることが活動に影響はありますか？

「ない」と言いたいけれど、何かしらあると思います。自分が「にしな」と名乗るのは、性別を限定したくなかったからなんです。性別に引っ張られるのではなく、自分らしさを大切にしたかったという意図があります。

——にしなを名乗り始めてから思考の変化もあったように感じられます

が、自分の個性を認めて大切にする意識はどう育まれたのでしょう。

どういう経緯なんですかね……心が成長したということだと思うんですけれど。年齢を重ねていく中で分かってきた事柄もあると思います。「自分はこういうものだ」というのが幼い頃からハッキリしている人もいれば、私のように経験を重ねるうちに理解を深めていくタイプの人もいますよね。最近は特に、自分自身の内面が形成されていく感覚が強いんです。

ガッツリ落ちた時期を経て、また歌うのが楽しくなった

——最近は良い変化のときなのですね。考えがアップデートされるのはどんなときでしょうか。

1回ガッツリ落ち込んだときですかね。私の場合は本格的に活動を始めた1年目が新型コロナウイルスの流行とも重なっていて、ライブ活動や曲の発表もままならず、ただ制作だけ粛々と続けなくてはいけない時期がありました。やってもやっても手応えが感じられなくて、辛くて行き詰まってしまい「もう無理、続けられない」と思ったことも。でもそういう時期にマネージャーさんと心境を共有して、制作から離れてダラダラしてみたり、思いっきり遊んでみたりして、落ちるところまで落ちたら、また「歌いたい」と思えるようになりました。パタリと辞めずにどうにか続けていくことでなんとかトンネルから抜け出せて、また歌うことが楽しいと思えるようになったんです。今振り返ると、良い経験になったと思います。

——なるほど。落ちるところまで落ちるのにも勇気もいるような気がします。

そうですね、ただそのときは限界だったんだと思います。あとは、中学生くらいのときに読んだ本で「自分は何のために存在しているんだろう」という悩みに対して「みんなが一度はぶつかるような悩みだけれど、考えても仕方がないよ」というようなことが書いてあって。まさに私自身が近いことを考えていたので、「え、みんな似たような悩みがあるの!?」と驚きました。渦中にいると気が付けなくても、離れてみると見えてくるものがある。視点を変えたり、俯瞰してみたりする大切さに気が付いてからは、思考回路がちょっと変わりました。物の見方は1つじゃなくて、上から見たり下から見たり、楽な見方を探してもいいんだなって。

好きなところを1つ見つけたら、それを大切にしていく方法を考える

――小さい頃から憧れていたミュージシャンの道に歩みを進めることには、迷いや躊躇はなかったのかが気になります。自分自身を気に入っていない人や一歩踏み出す勇気が出ない人に何か声をかけるとしたら?

不安はあったけれど、迷いはなかったですね。「こうなりたい」と思っ

ている時間も長かったから、せっかく得たチャンスを手放すわけはないだろうという思いでした。あとはさっきお話しした通り、視点を変えてみること。右を選ぶか左を選ぶかで死ぬわけじゃないし、案外踏み出せないと思っている1歩は大したことないかもしれない。その小さな1歩を踏み出したら、意外と大きな変化に繋がるかもしれないし……自分を気に入らない人に対しても、内面でも外見でも1つでいいから好きになれそうな部分を見つけること。1つ見つかったらそれを大切にしていく方法、輝かせるための方法を考えると良いと思います。

――この連載は、チャート内は男性が過半数を占めているという事実を考えるべくスタートしました。これについて感想を聞かせてください。

この取材のお話をいただくまでは、その事実に全く気が付きませんでした。『Billboard JAPAN Women In Music』のような女性にフィーチャーしたライブイベントも開催されるようになってきましたし、今はSNSで曲を聴いてもらう機会もたくさんあります。今後、性別関係なく誰もが自由に好きな音楽と出会えるチャンスが増えていくと良いですよね。

取材後記

AFTER THE INTERVIEW

No.17

しなやかで、軽やかで、飄々としている。にしなさんと話していてそう感じたのは、彼女がさまざまな角度から物事を捉える術を身に付けているからか。掴みどころがないわけじゃなくて、落ち着いた物腰の奥には確かな芯のようなものを感じた。

彼女が生まれた1998年には、日本ではドラマ『GTO』が流行し、アメリカでは『セックス・アンド・ザ・シティ シーズン1』が始まった。1つの大きな価値観が正解とされる時代は終焉に向かい始め、多様な価値観の萌芽が認められた頃ではないだろうか。単純に世代論でまとめるのはあまりにも乱暴だけど、にしなさんの世代以降の人々が、彼女のように自分自身を肯定し、他人との違いを自然と認められるような土壌のもと生きているなら、めっちゃ良い。

ただ、楽観するには無視できない現実もたくさんある。当然、ルッキズムも根強く、SNSの誹謗中傷も収まるところを知らない。それでも希望を捨てずに、変化を期待するならば。にしなさんの声を、まずは多くの人に聞いてもらいたいと思う。

みんな"From Planet Earth"だから、性別で分けて考える必要はない

林香里

ハヤシ インターナショナル
プロモーションズ代表取締役

PROFILE

株式会社ハヤシ インターナショナル プロモーションズ代表取締役。2000年、ロンドン大学ゴールドスミスカレッジを卒業し、2001年にウィリアム・モリス・エージェンシー入社。2010年に株式会社ハヤシ インターナショナル プロモーションに入社し、2021年4月より現職。過去に招聘したアーティストはブルーノ・マーズ、マルーン5、テイラー・スウィフトを始め幅広く、『KNOTFEST JAPAN』、『OZZFEST JAPAN』などの音楽フェスティバルも主催している。

タフな体とメンタル、そしてマルチタスク求められることが多いプロモーター業

――林さんは、アメリカ国外で音楽ビジネスを牽引した業界人を表彰する『2023 Billboard International Power Players』に選出されたとのことですね。おめでとうございます。

ありがとうございます。H.I.P.は私の父が始めた会社なのですが、『2023 Billboard International Power Players』は父と一緒に活躍していたような方々が受賞しているので、私がそこに名を連ねることができることを光栄に感じています。女性のプロモーターもそう多くはいないので、新しい世代としてこうして選出していただいて「(女性が)珍しいな」と目に留めていただき、フレッシュな風を送ることができれば、それも大変嬉しいですね。

——日本に限らず、世界的にも女性のプロモーターは多くないのですね。

そうですね。レコード会社のヴァイスプレジデントなどのポストでは、多くの女性を見るようになりましたが、私が毎日仕事で会話しているのは男性ばかり。でも、お互い手加減なしでガンガンやり合ってます（笑）。

——どうして男性が多くなるのでしょうか。

私たちの仕事は、国内外を跨いで進めていくので、時差にも対応するために体力も必要で、日々プレッシャーの連続です。そういう理由もあってか今は男性が多いのが現状ですが、これからは女性も増えていくと思っています。性別問わず、メンタル的にタフで、マルチタスクが得意な人には向いている仕事だと思います。

誰もが“From Planet Earth”だから ジェンダーで分けて考えない

――この連載は、チャートにおけるジェンダーバランスの不均衡に注目してスタートしました。最近では音楽フェスティバルにおけるジェンダーバランスについても話題に上がります。林さんは、アーティストを招聘する際にジェンダーについて気にすることはありますか？

正直に言えば全くありません。ライブを企画するときも、プロモーションするときにも、女性だから、男性だからと考えたことはないですね。

――この連載でさまざまな人と話をする中で、「世界でビヨンセやビリー・アイリッシュなど自分の主張を強く表明する女性アーティストが支持を集める一方で、日本では女性が何かを強く主張することが受け入れられづらい風潮があるのではないか」ということも話題に上がりました。アー

ティストを招聘するお立場として、何かそのような反応を感じた経験はありますか？

自分の企画したコンサートに招聘する海外アーティストでそのようなことを感じたことはありませんが、確かに日本の女性アーティストを見ていると、自分の主張があるかどうかというよりも、「可愛いい」「可愛らしい」という需要が高いのかもしれませんね。アメリカでは、自己主張が強かったり、大胆で派手なパフォーマンスが「面白い」と捉えられて興味を引きます。

——林さんが、〝女性だから、男性だから〟という考え方をしないのには、何が影響していると思いますか？

昔から、あまりジェンダーを意識しないように育てられたのかもしれません。「みんな、From Planet Earth なのに、なぜ、分けて考えなければいけないの？　区別しなければいけないの？」とよく疑問に感じていました。もちろん、私も保守的な男性を前に、上手くコミュニケーションが取れないときがあります。でもそういう人と付き合うか否かは私自身が決めればいい。あくまでもそれは私のチョイスだと考えているので、気をとられずにいられるのかもしれません。

父の背中を見て学んだベストを尽くして道を切り拓くこと

——女性のプロモーターが少ないというお話もありましたが、林さんのようにご活躍している方の姿を見て、プロモーターの仕事に憧れる人もいると思います。林さんがこのお仕事に就こうと思ったのはどうしてですか？

父と一緒に、よく父が招聘したアーティストの公演に行って、彼が仕事する姿を見ていました。当時は今よりもまだ海外の人がたくさんいるのが珍しかったものですから、多様な人に囲まれて働く姿が普通とは違って見えました。そうして、自分もやってみたいと思うようになったのだと思います。18歳の頃に、アシスタントとしてマライア・キャリーのドームツアーで仕事をしました。そのときに「この道に進もう」と思い始めました。

――マライア・キャリーの公演のアシスタントからスタートしたというのは、すごいキャリアですね。そうして今、実際に憧れのプロモーターのお仕事に就き、どんなときにやりがいを感じていますか？

小さいことでも大きいことでも、何かしらの壁にぶつかり続ける毎日です。でもその壁を乗り越えられたとき、何かを達成できたときにはやはりやりがいを感じますね。

――林さんは、壁にぶつかったときにはどう乗り越えてきたのですか？

諦めずに道を探し続けます。ありとあらゆる道を。AがダメならB、CもDも……というように、徹底的に考え抜きます。頭に汗をかくくらい必死になり、ベストを尽くせば、必ず道は拓けます。諦めないことが一番大切。その姿勢を体現して見せてくれたのが父なんです。彼はいつも、決して目の前の現実から逃げずに、真摯に向き合って壁を突破してきた人でした。

自由な環境を手に入れるには〝My Choice〟自分自身で選択する

――仕事を始めた頃の自分に何かアドバイスをするとしたら？

「直感を大切にしなさい」。その頃はまだ経験も少なくて、自分の直感を信じられませんでした。ですが、今なら自分の直感が何よりも大切で、道しるべになることが分かります。仕事を始める前、学生だった私がイギリスに行こうと決めたのは、日本の社会に窮屈さを感じていたからだと思います。「女性は家事をする」というのが〝普通〟とされるようなことにも違和感がありました。当時若かった自分は冒険がしたかったし、ロンドンで生活し、たくさんの経験から学びました。そして、イギリスではキャリアを追うことに関して女性は男性と対等であり、さらに男性は女性の社会進出を後押しする傾向が強いことを知りました。今はカリフォルニアに住んでいますが、私の周りには、母であり経営者である女性たちがたくさんいます。日本では子供を預けたり家事を人に託すのが最善ではないと捉える人が少なくないようですが、アメリカではそんなことはありません。女性がもっとこの業界で活躍できるようになるには、女性をサポートする環境が必須だと思います。

――そうですね、就業環境はもちろん、意識改革も必要だと思います。それが職場でのジェンダーバランスにも直結しているように感じます。林さん自身は自由なマインドでいるために、気をつけていることはありますか？

自由なシチュエーションを自ら意識して作るように努めています。例えば、パートナーを選ぶときにも、「女性は家に入るもの」と考えない人を選ぶ。〝My choice〟……どんなときでも、選択権は自分自身にあることを忘れないようにしています。

取材後記

AFTER THE INTERVIEW

No. 18

今もなお、数的に男性が優位なエンターテインメント業界で、父親から会社代表の座を継いでから数々の興行を成功させてきた林さん。彼女へのインタビューを通して、圧倒的な男社会で、女性代表がどういう考えで働いているのか知りたかった。林さんに実際にお会いしてみると、こちらが「女性が～、男性が～」という文脈で話をするのが小さく感じるほど「(性差や性別については) 全く気にしていない」という姿勢だった。他人を性別で判断せず、他人にも自分を性別で判断させず、自らの判断で選択する人だ。

若い頃の私は「男性に負けないように、徹夜もするし、ハードなロケもやるし、重いものも持つ！」と張り切っていた。男性が多い現場で足下を見られたくなかったし、タフな自分でいたかった。ただ30代に入ってから、無理はするものじゃないと思うようになった。今、一緒に働いているスタッフは女性ばかりだが、彼女たちにも徹夜はさせたくない。今は、「果たして、男だったら徹夜をさせてもいいのか？」とも感じる。男性だからって、身体的にタフだとは限らない。

個性が強いアーティストのハードな要求に応えながら舞台を成功させるために奔走するプロモーターは、タフな仕事であることは間違いない。だからと言って、男性ばかりの業界である必要はもうない。得意な人がしかるべきポジションに就き、子育てや家事は外部のサポートを利用することを厭わない時代がもうそこまでやって来ている。性別役割分担意識から解き放たれた林さんの姿が、それを表しているようだった。

ハラミちゃん

自由なピアノが世間に肯定されて
自分の新しい扉が開いた

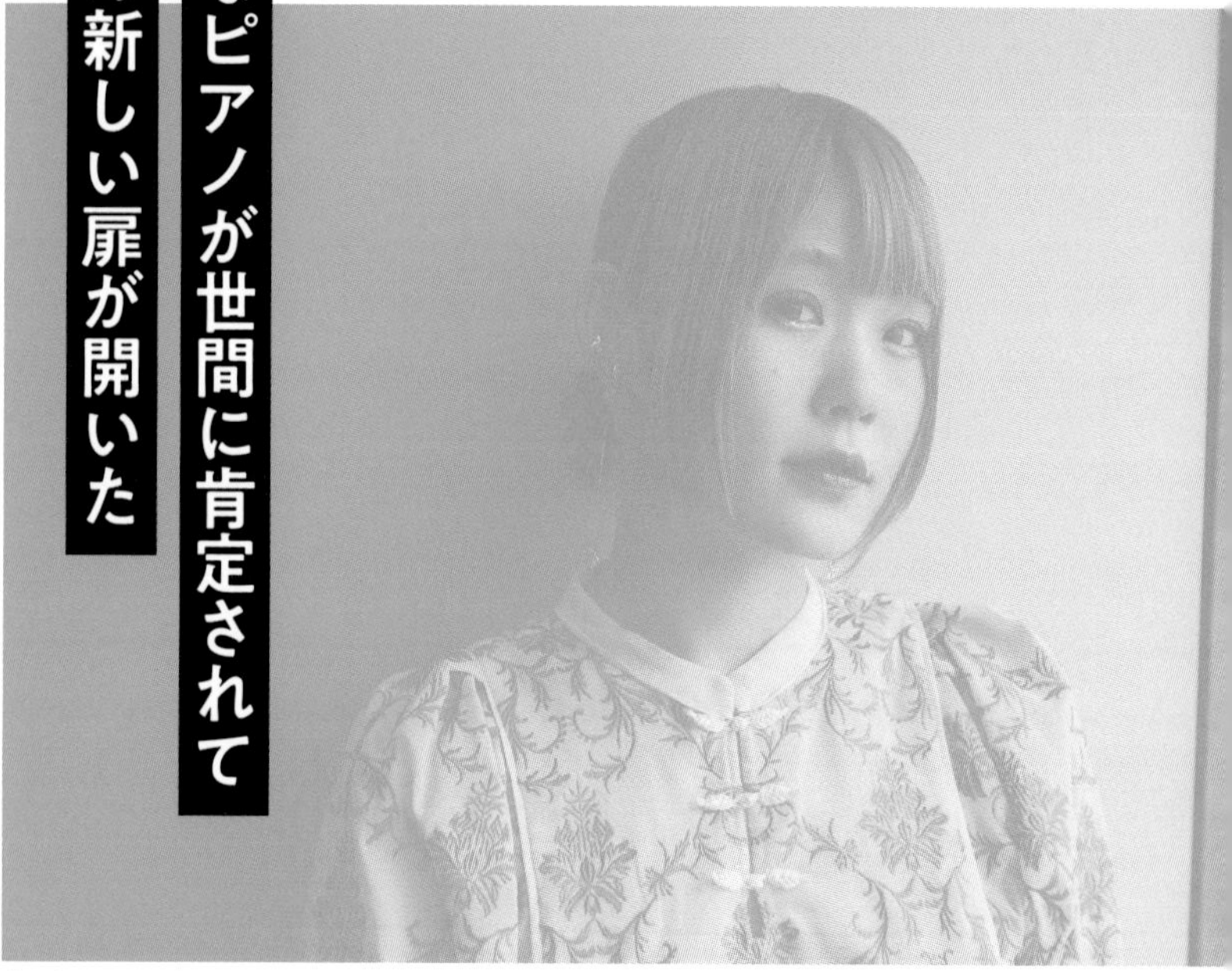

Photo by Miu Kurashima

PROFILE

ピアニスト、YouTuber。2019年から本格的にYouTubeにて活動開始。世界各地で演奏するストリートピアノ動画が注目を集める。2020年7月に1stアルバム『ハラミ定食 ～Streetpiano Collection～』を発表しアーティストデビューを果たし、2022年9月にはディズニー公式ピアノカバーアルバム『ディズニー・ハッピー・ピアノ・チューンズ』をリリース。2022年1月、日本武道館公演を成功させた。

ピアノで人を笑顔にする楽しさに、小さい頃から気が付いていた

――幼い頃、憧れていた人はいましたか？

清水ミチコさんです。清水さんはピアノを使ったエンターテイナーですよね。私、幼少期に、ピアノを弾く前にギャグのようなものをしてから練習に入るのにハマっていた時期があったみたいで。その姿は両親が撮っていたビデオに残っているんですけれど、両親を笑わせたかったり、調子に乗っても怒られないことに甘えて、自分自身も楽しくなっていたのだと思います。そうしてピアノで人を楽しませるのがもともと好きで、さらに清水さんを知って「こんなことをやってみたい！」と思ったんですね。

――幼少期からコンクールにも挑戦していたそうですが、コンクールで弾くピアノと、人を楽しませるために弾くピアノには違いはありますか？

半年くらい前から毎日ずっと同じ曲を何百回と練習して、たった1回の本番にかけるのがコンクール。すごく独特な、職人のような世界です。一方、学校の友達の前で披露していた「悲しそうに弾く『アンパンマンのマーチ』」なんかは、その場の思いつきの一発芸のようなもの。両者は同じピアノでも全然別物として捉えていました。私、ピアノを弾いていると楽しくなってつい顔が動いてしまうのですが、コンクールのための練習のときには先生に「顔で弾かない」と叱られていたんです。でも休み時間には思いっきり顔も動かして弾いていて。もう全く違うジャンルですね。

ピアニストになる夢に挫折したとき、新たな武器を見つけようと思った

――ピアノ自体は、どうして始めたのですか?

初めはいろいろな習い事のうちの1つとしてやっていて、中でもピアノが好きだったんです。小学1年生のとき、親に音楽大学の受験のテキストを渡されたんです。そのとき「自分の将来は決まった、ラッキー」と思って（笑）。「これで進路に悩まなくても良いし、ピアノさえやっていれば良いから楽だ」という気持ちでした。それからコンクールにも挑戦し続けてきましたが、高校時代に音大受験のために先生を変えたら、その先生に「あなたはピアニストにはなれません」と言われてしまって……ピアニストになることを小学1年生のときに決めてから、ピアノが自分のアイデンティティだったので、積み上げてきた積み木を一気に崩された思いでした。でもショックだったけれど、薄々「自分の実力では無理かもしれない」と気が付いていたんでしょうね。コンクールに出ていれば、自分のレベルを痛感する機会はたくさんありますから。ショックだったのと同時に、「何か別の武器も見つけなくちゃ」と思うようになりました。

――ピアノを仕事にすることは考えていなかったのですか？

全く考えていなかったですね。コンクールで結果を出したその先でしか食べていけない世界だと思っていましたから。私、もともとは物事を慎重に考えるタイプなんです。人生でも、自分の歩める道の選択肢を1つでも多く残しておきたい。だから音楽大学でも教員免許は取っておきましたし、その後も色彩検定という資格を取ってみたりして……ただ元先輩が最初の動画をアップするときは、「どうせ誰も観てないし、いいか」くらいの気持ちでした。それが予想外に多くの人に観てもらえて、初めは嬉しさよりも恐怖が勝りました。それに、そのときの演奏は私からすればボロボロだったので、たまたまバズった1本に賭けようとは思えなかったんです。

慎重に1つずつ、自分らしいピアノに近づいて

――動画がバズって、すぐにその道でやっていこうと思ったわけじゃなかか

ったんですね。それでも今は、こうしてピアノを弾くことを職業にしています。何が背中を押してくれたのですか？

動画を観てくださった方からのコメントですね。「楽しそうに弾いているのが良い」と言っていただいて……「自由な演奏を受け入れてくれる人がいるんだ」というのが衝撃的で、新しい世界が開けたような気持ちでした。でも、自分ではハラミちゃんの活動は「そのときの貯金がなくなるまで」と期限を決めていたんです。その間に芽が出なかったら会社員に戻ろうと思っていました。

――〝ピアノを身近なものに〟という目標を立てることになったきっかけは？

特に中学生くらいの頃なのですが、クラシックのコンクールに出場するとき、ドレスを着るのがすごく嫌だった時期があるんです。反抗期というか逆張りしたい年頃で、男装まではいかないけれど、ジャケットのセットアップで出場して、衣装で減点されました。伝統的なクラシックのマナーも大切なのは分かるので、減点されたことに異議があるわけではありません。ただ伝統を守ることや技巧を競うこと以外のピアノの楽しみもあると思っていたので、どうしてそれを持ち込んじゃいけないんだろうとも感じていました。ずっとそういう思いがあったので、ハラミちゃんという存在を世間の皆さまが受け入れてくださったときに、もっと幅広くピアノの楽しさを広めていきたいと思うようになったんです。

物事の裏表を見つめて、冷静に俯瞰することで見えてくる景色

――女性であることは活動に影響していますか？

幸い、あまり考えずにここまでやってこられました。周りにいる男性とも割り勘でしたし、「特別に女性扱いされている」ということもあまり感じなかったんです。音楽大学の男女比は9割が女性でした。ピアノは小さ

い頃から習い事として続けてきた人も多いです。子供の習い事の定番として「男の子はスポーツ、女の子はピアノ」と考える親世代が多いのは事実でしょうね。先ほど衣装の話をしましたが、小さい頃はドレスを着られるのも嬉しかったんですよ。

――Billboard JAPANのチャートでは、男性が過半数を占める結果が長年続いているのですが、それについてはどう思われますか。

このインタビューのお話をいただいて知ったのですが、私はそれがネガティブな結果だとも思わないんです。女性アーティストが劣っているということではなく、女性が異性のアーティストを推した〝推し文化〟の結果でもあるんじゃないかなって。だから劣等感を持つ必要はないと思いました。

――最後に、キャリア1年目の自分にアドバイスを送るとしたら、なんと声をかけるでしょうか。

私は慎重派だけれど、それも悪いことばかりじゃないんです。以前ある人に、「ネガティブな人はネガティブな想像をしても耐えられるから、心配性＝強さでもある」と言ってもらったこともあります。思考の表と裏を回転させる柔軟さを持っていると、心もポキっと折れづらい。そう気が付いてからは、何事も表と裏を考える練習をしています。あとは、割合のことをよく意識しています。何かネガティブなことを言ってくる人がいるとして、それは全体の何割なんだろうって。例えば、95％の人が「やめたほうがいいよ」ということには耳を貸したほうがいいかもしれないですけれど、そういう人が5％で、95％が賛成しているとしたら？「やめたほうがいいよ」という5％の人のために、95％の人の期待を捨ててしまうわけですよね。そうやって全体を俯瞰して冷静に割合を見つめてみると、救われることもあると思っています。

取材後記

AFTER THE INTERVIEW

No.19

「YouTubeでバズった」という言葉の印象を裏切るかのように、ハラミちゃんと話をしてみて、その慎重で地に足の付いた考えに感心させられた。格式が重んじられるクラシックピアノの世界で鍛錬して身に付けた姿勢なのだろうか。

自由でいられるのは尊いし、全ての人が自分の好きなファッションや表現を楽しむべきだと思う。一方、ハラミちゃんが言うように、〝伝統的なマナー〟が重んじられてきたことには、それなりの理由もあるだろうし、長い歴史の中で変化せず受け継がれてきたことの貴重さも無視はできない。今の時代、〝型にはめる〟というとネガティブな印象さえ受けるかもしれないが、型は礎であり、人の背骨として私たちを支えてくれるのもまた事実だ。

その文化を愛する人がやるべきなのはきっと、伝統や型を丸ごと飲み込むのでも丸ごと蔑ろにするのでもなく、きちんと向き合って今の時代に合う形にメンテナンスしていくこと。表層のルールの、その根っこにあるものは何なのか。例えばそれが、差別意識のような古い価値観の上に成り立っているものならば、新しくしていく必要がある。

春ねむり

『私自身も痛い思いをしながら、曲を作り歌詞を書いている』

PROFILE

シンガーソングライター、ポエトリーラッパー、プロデューサー。横浜出身。自身で全楽曲の作詞・作曲・編曲を行う。2018年4月に初のフルアルバム『春と修羅』をリリース。これまで海外のフェスティバルへの出演、ヨーロッパや北米でのツアーなどを成功させ、海外からの評価も高い。2022年に2ndフルアルバム『春火燎原』を発表した。

〝女性シンガーソングライター〟とラベリングされる違和感

――春さんは理想の女性像のようなものは持っていますか？

あまり理想や「こうあるべき」というビジョンは持たないようにしています。唯一の理想と言えば、「〝女性像〟や〝男性像〟といった記号化されているモチーフは持たないようにする」、ということでしょうか。

――女性像、男性像といったジェンダーバイアスが記号化されていると感じるようになったのはいつ頃からなのでしょう。

明確に言えば、デビューをしてからだと思います。中学、高校は女子校に通っていたので周りも女性ばかりで、あまり自分自身が女性であることを意識させられる経験がなかったんですね。デビューして、〝女子大生シンガーソングライター〟という肩書きで語られるようになって、自分が〝女性〟、〝女性アーティスト〟、〝女子大生〟とラベリングされることを意識するようになりました。

自我としての性別は、固定されずに揺らいでいるものだと思う

——春さん自身は、女性であることが活動に影響する面はあると思いますか？

あんまりないかもしれないですね。自分自身は、そのジェンダーという意味での性別を聞かれたら、「シス女性です」と答えますが、「今の気分は何%女性ですか？」と聞かれれば、日によって異なる回答になる。ある日は、めっちゃ少年かもしれないし、またある日はそもそも人間の気分じゃないかもしれない。どんな人でも自我としての性別は、固定されているわ

けではなく、常に揺らいでいるものなんじゃないかと思うんです。ただ可視化することは大切だと思っていて、例えば「女性アーティストとして、どう思っていますか？」と問われて回答するときには、シスジェンダー女性というマジョリティとしての責任が伴うとは思っていますし、それが自分のやるべき仕事だからやっているという面はありますね。

——〝やるべき仕事〟だと考えるようになったのはいつからですか？

3、4年前からでしょうか。私にとって春ねむりは、14歳くらいのときに「こういう人が存在してほしかった」と思っていた人物像なんです。だからその人が放棄していたら嫌な責任は何か……それを逆説的に考えて春ねむりの役割を見出し、自分がその仕事を全うするようにしています。

——シス女性というマジョリティとして責任を感じながらメッセージを発信するときに、大切にしていることはありますか？

自分の発言によって、当事者の声が聞こえなくならないようにすること。あとは、自分が感じている怒りが、本当に私が発信すべきことなのかは毎回考えるようにしています。例えば、女性差別的な構造が原因で生まれた被害があったとして、私がそのことに対して怒りを感じた場合は、自分も発言すべきですが、トランスジェンダー差別が原因で起きた被害に対しては、私は代弁することはできない。怒りの構造は似ていると思うんですけれど、当事者ではない場合は、当然全てを理解することはできない。だからこそ、当事者の声を聞くのが大切だと思っています。

自分自身が当事者性を持つことで主語が大きくならないように

——ただマイノリティだけが当事者として闘うのではなく、マジョリティも連帯しないと物事が変わらないという側面もありますよね。

連帯しなくてはいけないタイミングは絶対にあるけれど、主語を大きくすることにも繋がってしまう。だからこそ、1人ひとりの言葉を聞いていかなければならない。そうやってみんなの声を聞いていくとき、自分自身の声が大きくなると均衡が崩れるじゃないですか。でも私はミュージシャンとして人より目立つ活動をしているのだから、その恐れも引き受けないといけないと思っています。自分自身がそれを引き受けることで、主語が大きくなっていくのを避けられるのではないかと考えているんです。

——だから当事者性を大切にしているのですね。春さん自身が、シス女性の当事者として差別されているのを感じたり、生きづらさを感じたりしたことはありますか？

そこはかとなく舐められますよね。私、曲も全て自分で作っているのですが、ライブではマネージャーにパソコンの前に立ってもらって、再生・停止ボタンを押してもらっているんです。そうすると、ライブ後に「曲がすごく良いですね」と、マネージャーが声をかけられるんです。私の後ろでパソコンを操作しているから「そう見えても仕方ないかな」と思う面もありますが、私が女性だからということも関係しているのではないかと思います。あと、そう言ってくる人は、マネージャーに対しては敬語でも私に対してはタメ口だったりします。

——その光景の想像がつきます……春さんはアメリカでも活動し、現地で取材もたくさん受けていらっしゃいますが、日本とアメリカでは女性アーティストに対しての扱いに差を感じることはありますか？

私は自身がリベラルであること、フェミニストであることを前面に出しているので逆の立場の人はなかなか近寄って来ないから、あまりあてにできるデータではないのですが、やはり海外ではエンパワーメントやリスペクトの気持ちを持って接してくださる機会が多かったですね。フェミニストであるという発言に対しても引かれないし、むしろその文脈で話を聞かれることも多いです。最近は少しずつ、何かで読んだり自分自身で学んで話を聞いてくれる人も増えてきたかもしれないですね。特に2ndアルバム『春火燎原』ではすごく分かりやすく表現したつもりなので、それを読み取ってくれた人は増えたと思います。

自分の感情を言語化して自覚するために歌詞を書く

――春さんにとって、歌詞を書く行為はどんな役割を持っているのでしょう。

先ほど「自我が芽生えたのが遅かった」と話しましたが、18歳くらいまで、自我というものにかなり無自覚で過ごしてきたんですよ。18〜21歳くらいの間に自分の〝やりたくないこと〟に気が付いて、就職したくないと思って家出しました。その頃から歌詞を書くようになったのですが、歌詞を書き始めたのは、自分がどう感じているのか、何が悲しいのかを言語化して自覚し、把握するためだったと思いますね。最初は言語化できたことがすごく嬉しくて自由になった気がしたのですが、それを続けていくと、「その悲しみや怒りの原因は、私が死ぬまでにはどうにもならないな」と突き付けられることも多くて、「この行為に意味はないけど、それでもやるしかない」という感じになってきています。ただ、大学で哲学を専攻して、人の考えと行為は切り離していいのだと考えるようになり、互いに影響し合うことを知ったので、続けられています。

――春さんの楽曲にエンパワーメントされている人はたくさんいると思いますが、ご自身でそれを狙っている部分はあるのでしょうか？

それが、私はあまりそのつもりはないんです。あくまで私自身が生きていけるように、必死で曲を作っている。必死になってやっていることにはエネルギーがあるからこそ、引っ張られてしまう人もいるかもしれないし、曲を作って発表するのは聞き手に殴りかかるような暴力的な行為だとも思っています。「こんなこと知らないほうがいいかもしれないのに」と思いながら、また私自身も痛い思いをしながら、曲を作り、歌詞を書いているんです。痛みを持って、生を実感しているということに近いですね。

取材後記

AFTER THE INTERVIEW

No.20

春さんが幼い頃に好きだったのは『もののけ姫』だそうだ。主人公のサンから、「殺してやる」という強い意志を感じたところに惹かれたという。そしてその春さんは今、歌詞では怒りや憤りを表現し、それをライブでシャウトしながら私たちに問いかける。春さんは〝怒ること〟に責任を持ち、全うしようとしている。

自身のイデオロギーを表明することはアメリカやヨーロッパで受け入れられても、日本ではなかなかそうはいかなかった。特に女性アーティストは。男性に都合が良い女性像を女性歌手が歌わせられるようなこの国の土壌を考えると、怒れる彼女が受け入れられるのに時間がかかる理由は想像に容易い。

それでも今回の一連の取材の中で、エンパワーメントされる人として春さんの名前を上げた人は複数いた。怒らないで済むならばどれほど良いだろう。その日が来るまでは、声を上げ続けたい。春さんの怒りに共感しながら、そんなことを考えた。

Maasa Ishihara

Photo by Aya Shimuzu

人との〝違い〟を受け入れたら、見える世界が180度変わった

PROFILE

ダンサー。21歳で単身渡米。以降ジャスティン・ビーバー、アリアナ・グランデ、ティナーシェ、TLC、Ne-Yoなど数々の著名アーティストのバックダンサー、ツアーダンサーなどを経験し、コマーシャルやドラマ、ミュージックビデオなども含め多方面で活動中。日本でも安室奈美恵、SMAP、AKB48などのバックダンサーの経歴を持ち、現在、振付師・クリエイティブディレクターとして活躍の場をさらに広げている。

安室奈美恵と母親を通して、強い女性に憧れた

――幼少期にどんな女性に憧れていたのかお聞かせください。

小学校低学年の頃、テレビで安室奈美恵さんを見て「あんなふうになりたい」と思うようになりました。見よう見真似で歌ったり踊ったりしていたのが全ての始まりですね。当時はバックダンサーを引き連れてステージに立つ女性は珍しく、初めて見たときの衝撃は忘れられません。それまで自分の周りにはいなかった〝芯の強い女性〟が現れたことが衝撃的だったのですが、最近、自分の母親もずっと芯の強い女性だったことに気が付きました。母はあまり口数が多いタイプではないけれど、いつでも静かに私を見守り支えてくれます。私が安室さんに憧れたのも、幼少期から母親を通じて女性の芯の強さを身近に感じていたからかもしれません。

――芯の強い女性に憧れる気持ちは、昔も今も一貫しているのですか？

基本的にはそうですね。世界中から夢を持った人が集まってくるアメリカの、さらに1、2年でガラっと状況も変わるエンタメの世界で生きていくには、ブレないことが本当に大切です。それでも20代の頃は、自分をよく分からないまま、自分に無いものに憧れてもがいた時期もありました。でも魅力や強さって結局はその人に備わっているもので、それを探って磨いていくしかない。30代を迎えてそういう原点に改めて立ち返り、やはり自分の母や安室さんのような女性をカッコいいと思っています。

体を鍛えてケアするのと同じ感覚で、メンタルもトリートメントする

――単身で渡米されてエンターテインメントの世界でステージを勝ち取っ

て……というハードな境遇に思いを馳せると、どのようにブレないでいられたのかが気になります。何か、コツのようなものはあるのでしょうか？

メディテーション（瞑想）を続けています。やっぱり、1日のコンディションを整えるためには、朝のルーティンがとても大切。私は目が覚めたら、スマートフォンを手に取る前に、まずはベッドの中でじっと目を閉じて、何も考えないようにしているんですね。何も考えないって、難しいんですよ。でも、そうしてリセットできると、「昨日起きたことは、昨日までのこと。今日はどんな1日になるかわからないけれど、100%の力で臨もう」と思えるようになります。あとは、セラピーも重要ですね。日本ではあまり馴染みがないかもしれないけれど、アメリカではメンタルのカウンセリングを受けている人は多いんです。みんな、ジムに行ったり、美容院に行くでしょう？　それと同じ感覚で、メンタルをトリートメントするためにセラピーに行く。心も、ケアしてあげることが大切です。

精神面も肉体面も、〝Stay Ready〟でいるために

――なるほど。メディテーションやセラピーを通じて、ご自分のメンタルをコントロールする術を身に付けてきたのですね。

人生はアップもダウンもあって、どうしても人は良くない方に目を向けてしまいます。でも起きてしまったことは変えられないですよね。だから、一旦スルーするという選択も有効だと思うんです。自分が困難の渦中にいると感じるときにも、「問題は置いておいて、未来のために何ができるか」を考えてみる。そうして、〝Get Ready（準備をする）〟ではなく、〝Stay Ready（準備万端）〟の状態でいられるようにする。すると困難の波が過ぎ去ったときに、すぐに次のチャンスを掴みにいける。精神面でも肉体面でもStay Readyでいることを、私は大切にしています。

——自らチャンスを掴み取ってきたMaasaさんの言葉には、説得力があります。女性であることが、キャリアに影響している点はありますか？

そうですね、女性だし、さらにアメリカでは〝外国人〟ですから、さまざまな壁を感じることがありました。やはり女性が1人のアーティストとして生きていくのは過酷な業界です。望まないシーンで望まない相手に性の対象として見られたり、「女のくせに」と舐められたり軽んじられたり……いくらこちらがStay Readyでいても、スタート地点に立たせてもらえないこともありました。あとは、人種差別も根強く残っています。例えば、私がどんなに英語を頑張ってもネイティブではなく、拙い発音なんですよね。で、それで幼く見られてしまう。いくら真剣に話しても、同じ熱量で受け取ってもらえなくて悔しい思いをしたのは一旦度や二度ではありません。この状態は、これまでの長い間ずっと続いてきてしまったもの。それが#MeToo運動などもあり、近年やっと人々が意識を変えて、マイノリティが声を上げるシーンが増えてきたのだと思います。

——エンターテインメントのシーンに、それらの影響はありますか？

パフォーマンスからは、〝女性らしく〟や〝フェミニンに〟、また同じように〝男性らしく〟といったジェンダーの固定概念を覆していこうとするパワーが表れているように感じます。長年そのムードはあったものの、近年より自由な表現が追求されているのを感じます。

〝違い〟をなくそうとするのではなく、受け入れる大切さ

――日本でも、ジェンダーの枠に囚われないアーティストは徐々に増えてきています。同じように声を上げる女性やそれを支援する人も増えてきましたが、それでもまだ抵抗や妨害が多い側面があります。

女性が声を上げられる環境が、日本にはあまりないのかもしれないです

ね。誰かが精一杯声を上げたときに、同調して戦ってくれる女性のコミュニティもあるはずだけど、それ以上にヘイターの声が大きく聞こえてしまう。声を上げるだけじゃなくて、成功している人の足を引っ張ろうとする人がいる。それって、自分と違うものに対してのジェラスや恐れなんじゃないかと思うんです。

――声を上げることへの恐れの元凶であるヘイターや、無視される風潮は、自分と異なるものへの拒絶反応なのかもしれないですね。

21歳で渡米した私にとって、日本で暮らしていたときからの一番の変化は、さまざまな人種やバックグラウンド、信仰やジェンダーを持った人たちと日々接するようになったこと。日本で生まれ、自分の周りの人の大半が自分と同じ日本人という環境で育った私には、さまざまな違いを受け入れ、理解して共存していくに至るまでは少し時間もかかりました。今まで当たり前だと思っていたことが、世界ではある1つの思想・価値観に過ぎないと気付くと同時に、その当たり前を一度リセットする必要があると感じたのです。自分と違うものを理解し、学び、認める。所謂〝みんな違ってみんな良い〟と思考を転換することで視野が広がり、違いを認めるだけではなく、自分と見つめ合う時間を持つようになって、自分のアイデンティティや日本の素晴らしさに改めて気が付くきっかけとなりました。

――日本を出たからこそ、身をもって実感できたことですね。

誰にとっても、自分と違う人や物、自分の経験のない未知の物を受け入れるのは恐怖でもあり、容易ではないですよね。ただその一歩を踏み出して、〝見える景色が180度変わる〟経験ができたのは、人生においてとても価値のあることでした。世界中の人々が互いの違いを認め、尊重し合うことができれば、世界の平和にも繋がっていくような気がします。

取材後記

AFTER THE INTERVIEW

No.21

人と同じものが良いか、人と違うものが欲しいか。これを読んでいる読者は、どちらだろう。私は、幼少期には〝同じ〟が良かった。ピカピカの真っ赤なランドセルを背負った女の子たちの中、両親の趣味で、私だけエナメルコーティングされていない〝味のある系〟の茶色いランドセルを背負っていた。ルーズソックスが流行ったときにも、履かせてもらえなかった。悪目立ちするのは居心地が悪くて、みんなと同質化するために同じものが欲しくてたまらなかった。少し大人になってから、年上の男性に「君みたいな普通の女の子は～」と言われたことがあった。そのときは、凡庸だと卑下された気がしてイラっとした。あんなに普通になりたかったのに。

アメリカのエンターテインメント業界に飛び込んだMaasaさんは、厳しい世界で生きていく術を探るうちに、人と違う自分を認める大切さに気が付いた。エンターテインメントの世界ではその違いこそが力になる。女性だけでなく男性だってクィアだって、1人として同じ人はいない。人と違う自分を認めるのは、自分と違いのある他人を受け入れることでもあるから、容易くはない。でも違って当たり前なのだから、同質化しようというほうが無理があるのだ。取材を通してそう気が付いて、それを幼少期の自分に教えてあげたくなった。

長屋晴子、peppe
【緑黄色社会】

性別に関係なく能力のある人が然るべきポジションにつける未来へ

PROFILE

4人組バンド。愛称は“リョクシャカ”。高校の同級生（長屋晴子、小林壱誓、peppe）と、小林の幼馴染・穴見真吾によって2012年に結成。2013年、『閃光ライオット』準優勝をきっかけに活動を本格化させた。2018年、1st アルバム『緑黄色社会』をリリース。以降、映画、ドラマ、アニメなどの主題歌を多数発表し、2022年には日本武道館公演を成功させるなど躍進を続ける。

性差を超えて、個性や内面を表現している人に憧れる

——緑黄色社会から、今回は女性メンバーである長屋さんとpeppeさんにお話を伺います。まずはお二人の、憧れの女性について聞かせてください。

Nagaya 私は大塚愛さんです。小さい頃から音楽や歌うことが好きだったのですが、大塚愛さんの音楽と出会ってさらに惹かれていきました。すごくキャッチーな「さくらんぼ」という曲を好きになったのですが、「可愛い！」という第一印象の奥に覗く関西弁でフレンドリーな人柄のギャップや好奇心旺盛な様子が魅力的だなと思ったんです。今でも、私が大塚愛さんに感じたような個性の強さやユニークなギャップを持っている女性に魅力を感じますし、自分もそうありたいなと思っています。

peppe 私は幼い頃から今まで強く1人の対象に憧れを持ったことがなくて、さまざまな人の良いところをピックアップしてリスト化して、〝憧れ

の人物像〟を描いてきました。リストに挙げた要素をできるだけ取り入れていって、自分をその〝憧れの人物像〟に寄せていくというか……その人物像を一言でいうなら、〝凛とした女性〟でしょうか。普段から、何を選択をするにしても、潜在意識的に「凛とした女性ならどうするか」という視点を持っている気がしています。

――お二人のことを憧れの女性としているリスナーもいると思うのですが、音楽活動に女性であることが影響していると思うことはありますか？

Nagoya 私が歌詞を書けば、それは女性目線ということにはなりますよね。女性が主語の歌詞を男性が書くこともできるけれど、本質的な部分は書きれないと思うので、自分の素直な感情表現に意義があると思っています。あとボーカリストとしては、高音が伸びる男性が増えてきて音域が広くなっている傾向があるので、自分の低い声の限界を悔しく感じますね。

peppe そういう生物学上の違いで制限はあるよね。私はキーボーディストとして、男性と比べて手が小さいのは残念ながら事実。でもその上で、弾き方など表現の面で自分の個性が出せるように意識しています。

〝綺麗じゃない部分〟も出していきたいと思った

Nagaya あとは、世間から見たキャラクター像が限定されやすいというのは感じます。私は素の自分や内側にあるものを生々しくさらけ出しているバンドのステージや演奏に心が動かされるけれど、そのとき表出するのは〝綺麗な部分〟だけではないはずじゃないですか。〝綺麗じゃない部分〟まで表現することで増す深みってあると思う。だけど私自身もバリアを張っているところがあったかもしれないし、周りからもそれを期待されているような気がしていて……。

peppe 長屋とは最近その話をしたんです。私は気が付いていなかったけれど、言われてみて改めて考えると共感できる部分もありました。長屋は特にボーカリストとして、露出することも多いですし、そう感じることが多かったのかもしれませんね。

Nagaya 自分自身、期待されている自分を見せることに甘んじていた部分もあります。SNSにも表面的に評価してもらえるようなコンテンツをアップしたり。でもそうしていたのは自分なのに、「綺麗ですね」という褒め言葉に対して素直に喜べない時期がありました。「見てほしいのはそこじゃない、歌を聞いてほしいし、もっと内面の燃えたぎっている部分を見てほしいのに」って。みんなの中で〝理想の長屋晴子〟、〝理想の緑黄色社会〟が固められてしまっていることがもどかしかったんです。

――その気持ちは、ほかのメンバーにも共有したんですか?

peppe 日本武道館公演前に、メンバー全員で話し合いました。なかなか難しい部分だなと思いながらも、話してくれたことで、みんなの共通認識になったからこそ気が付けたこともあって。それに対しての対処はメンバーそれぞれ違うと思うのですが、気持ちがわかって良かったです。

Nagaya peppeが「自分たちもその世間の期待に甘えていたよね」と言ってくれたのを覚えています。期待してくれているのは嬉しいし、それに乗っかるのは楽なんです。反発も起きないし。でも私が、もうその状態ではいられなくなってしまって、武道館公演は思いっきりやることにしました。メイクや髪型が崩れても、変な顔になっても、気にせず空っぽになるまで思いっきり。多少ピッチが乱れても、ハートの部分を伝えたい。そう思って、今はステージに立つようにしています。

深い部分で、多くの人に伝えていきたいことがある

――長屋さんの変化を近くで見ていて、peppe さんはどういう心境でしたか?

peppe 長屋の、音楽に向き合う熱意を感じました。私も、〝女っぽく〟見られるのを避けて意識的に衣装をパンツスタイルにするようなこともあったのですが、長屋ほどそのことについて深くは考えていなかったかもしれない。同じバンドにいて同じ女性であっても、100%同じように感じることはなくて、私には私の進み方がある。だからこそ、メンバーがどう感

じているかをその都度知っておかないと、バンド自体が崩れてしまうと思いますし、話してくれて良かったです。それにそのときは、メンバーだけじゃなくてスタッフもみんないるところで話ができたので、変化のタイミングになったのではないでしょうか。

Nagaya 私自身、話ができてすごく楽になりましたね。いろいろと吹っ切れて、ステージ上での振る舞いを変えられたことも自分を救いました。あとは先ほどお話しした歌詞に関しても、同じだと思うんです。女性であっても、自分の情けない部分や醜い部分までさらけ出して、リアルな気持ちを伝えていきたい。〝強い女性〟に憧れるけれど、いつもそうはできないところまで含めて、歌っていきたいですね。でも女性だけに届けたいというわけではなくて、そうすることで、男性からも女性からも共感してもらえるものになるんじゃないかと思います。広く伝えるために、歌詞の中での一人称をあえて〝僕〟にしようかなと思った時期もありました。でも言葉尻だけじゃなくて、もっと深い部分で多くの人に伝わるものを作っていきたいと今は思っています。

多様な価値観が認められるこの時代に、青春時代を過ごせていたら

――緑黄色社会は、男女分け隔てなく支持を集めているバンドですね。

Nagaya 性差に対する感覚って、世代によっても違うと思うんです。私たちのファンの方々からはあまり偏った意見を聞くことはないので、フラットな価値観の人も多いんじゃないかな。

peppe 本当にそうですね。でも業界に関していうと、まだ女性の割合が少ないと感じるときはあります。私たちとしても、男女混合バンドだからこそ女性スタッフがいてくれると良いなと思うのですが、いないことも多くて……。今となってはあまり気にせず、体調が芳しくない時には包み隠さず話すようになりました。音楽の話からは外れてしまうけど、これまではテレビ番組を観ていてもメインのMCは男性で、アシスタントが女性という構図がお決まりでした。性別は関係なく能力のある人が然るべきポジショ

ンに就ける、フラットな世の中になると良いなと思っています。

――いろいろと変化しつつある過渡期なのかもしれないですね。そんな今、キャリア1年目の自分にアドバイスするとしたら何を伝えたいですか？

Nagaya 私は、今の時代に青春時代を過ごしたかったなと思うときがあります。どんどん楽になっている気がしていますね。ファッションや髪型、価値観もさまざまなスタイルの人がいますし、〝ありのまま〟を受け入れるムードがありますよね。その感じがすごく楽しい。

peppe 私たちが学生の頃は、もう少しみんな同じものを追いかけて、それが流行に繋がっているところがあったよね。そのラインから外れるのが怖かったりして。

Nagaya それが今は多様な系統が受け入れられやすくなった。自分がこの時代に青春を過ごしていたらどうなっていただろうと思うけれど、そう感じられるのもこの年齢になったからかな。その年頃だったら何かに流されそうになっていたのかも。でもそれって「自分で自分の枠を作って、可能性を狭めているんだよ」って、昔の自分に伝えたいです。

取材後記

AFTER THE INTERVIEW

No.22

〝美しく華やかなフロントマン〟という周囲が期待する立ち振る舞いと、自分が理想とするパフォーマンスとのギャップに悩んでいたという長屋さん。この取材時は、ちょうどその悩みについてをバンド内で話し合って、自分の中でもカタがついた状態の頃で、長屋さんは晴々とした表情でそのエピソードを話してくれた。

日本では、男性が多いグループの中に１人いる女性を〝紅一点〟と呼び、女性の存在を「華を添える」と表現することも少なくない。男女混合グループである緑黄色社会の女性メンバーである２人は、自らそのイメージを手放した。彼女たちの音楽を支持する若いファンも、もちろんそのスタイルを受け入れるだろう。ジェンダーバイアスが塗り替えられる様子を、リアルタイムで目撃している気がした。

私の世界を広げてくれた、ヒップホップと女性たち

Photo by Miu Kurashima

渡辺志保

音楽ライター

PROFILE

音楽ライター。広島市出身。主にヒップホップ関連の文筆や歌詞対訳に携わり、年間100本ほどのインタビューを担当する。共著に『ライムスター宇多丸の「ラップ史」入門』（NHK出版）など。block.fm『INSIDE OUT』MCのほか、ヒップホップ関連のイベント司会やPRなどにも携わる。

生誕50周年を迎え、少しずつ変化するヒップホップの世界

——これまでにケンドリック・ラマー、エイサップ・ロッキー、ニッキー・ミナージュといったアーティストもインタビューするなど、ヒップホップの業界でご活躍ですが、渡辺さんのように音楽業界を主戦場にする女性ライターはあまり多くないイメージです。実際はどうなのですか？

私自身はヒップホップ畑のことしか分からないのですが、ヒップホップの業界に限ったことで言えば、女性の書き手はまだ少ないと言えます。ただ、池城美菜子さんや押野素子さん、堂本かおるさんなど、私がロールモデルにしてきた女性のライター、翻訳家の方は一定数いらっしゃいますし、Billboard JAPAN の編集長である高嶋直子さんを始め、メディアの上層部には女性も増えてきました。ヒップホップに関しても、アメリカではユニバーサルミュージックの中のレーベル・Motown Records やＸＸＬと

いう人気ヒップホップメディアのトップも現在は女性が務めています。しかし、音楽プロデューサーやイベントを作る側、ライブハウスやクラブなどの現場スタッフも圧倒的に男性が多いと思いますし、全体的に女性は少ないと感じています。

――そうなんですね、ヒップホップ界隈も世界的に過渡期を迎えているのですね。

1973年8月11日にDJのクール・ハークが開いたパーティが〝ヒップホップの誕生日〟とされていて、2023年はヒップホップは生誕50周年と言われているんですよ。日本でも、先人が切り拓いてきたことで少しずつ女性のヒップホップアーティストたちの存在感が高まり、素晴らしいアーティストが多数活躍しています。それでも、Awichさんの『Shook Shook』という楽曲のリリックにもあるように、「まさか女がくるとは」と言われることがあるのも事実でしょう。このリリックは、彼女自身がとあるライブのヘッドライナーを務めた際のオーディエンスの反響を受けて生まれたと語っています。

〝強い男が女を守る〟精神には、歴史的背景が横たわっている

――ほかの音楽ジャンルよりもヒップホップは特にホモソーシャルのムードが残っているように感じてしまうのですが、理由があるのでしょうか？

ヒップホップの美学の特徴的なものの1つに、マスキュリニティ（男性性）があると思います。今は変化してきていますが、かつては筋肉隆々に鍛えた体をタンクトップでアピールして、富の象徴であるジュエリーを身に着け、〝強い男が女を守る〟という側面が強かった。そこには奴隷として働かされていた黒人男性が、白人の雇い主から自分の家族を守らねばならなかったという歴史的背景や、アフリカン・アメリカンの男性たちが抱えている問題も関係しているでしょう。過度なマスキュリニティやホモソーシャルを前提として発展したカルチャーであることが今も尾を引いている部分はあると思います。ただそれも、少しずつ変化させていこうとして

います。そもそも、ヒップホップが誕生した時代から、そこにはずっと女性アーティストたちも存在していましたし、アメリカでは女性のラッパーが1位を獲ることも普通になってきました。現在では、クィアのヒップホップアーティストも増えています。日本においても女性のアーティストが強いメッセージを発信することに対して、リスナー側も共感したりエンパワーメントされる土壌ができてきているのではと感じています。

――確かに、経済面でも精神面でも強い女性が描かれるのは、ヒップホップの楽曲が一番イメージしやすいですね。女性のラッパーたちが〝女性像〟の領域をどんどん広げてくれている印象はあります。

Billboard JAPAN 主催のトークセッション『Women In Music Sessions』で司会を務めさせていただいたのですが、そのときに「日本では強いメッセージを発信する女性アーティストがあまり歓迎されない」という話があって衝撃的でした。ヒップホップの世界では、強いメッセージがあってナンボだし、そうした自分の意志を発信する女性のラッパーたちが熱い支持を集めている。今はまさに過渡期ですね。

ビヨンセと出会って、ジェンダーについて意識し始めた

――男性が多い業界で活躍している女性のラッパーたちは、自身が女性であることやジェンダーの問題に関して意識的な人が多いのでしょうか？

もちろん人それぞれだとは思いますが、NENEさんにインタビューしたときに、「もともとは自分が女だからとか意識していなかったけれど、自分が前に出るときには〝女性ラッパー〟とか〝女性として〟という冠が付くから、今は意識するようになりました」とおっしゃっていました。キャリアを重ねる途中で、意識するタイミングがそれぞれであるのかもしれないですね。

――渡辺さん自身は、いつ頃から女性であることの影響について考えるようになったのでしょうか。

私自身は、20代の頃までは全く考えることがなかったんです。どちらかと言うと、男性社会の中で上手くやっていくために男性と同化しようとしてきましたし、それが得意だと思っていました。一方で、クイーン・ラティファのようなフェミニズムのメッセージを発信するアーティストの楽曲も聴いていたのですが、それが自分の生活と結び付くことはなかったんです。そんな自分の転機になったのが、ビヨンセの『ビヨンセ』というアルバムの対訳監修を担当したこと。『***Flawless』という楽曲で、ビヨンセはナイジェリアの作家チママンダ・ンゴズィ・アディーチェの「男も女もみんなフェミニストでなきゃ」というスピーチを引用したんです。歌詞を読み込んでいく中で、「女の子は成功してもいいけど、成功し過ぎてはダメ。男性を脅かしてしまうから」といったフレーズがすごく具体的に自分と重なって、強く共感しました。「何となく、学生の頃からそんなことを言われていたような」と。

女性のラッパーが増えれば、女性の国会議員も増えると信じている

――広島の女子校で過ごした学生時代には何か違和感はあったのですか。

その当時は、特に違和感はなかったですし、すごく充実した学生生活でした。いわゆる〝良妻賢母〟を育てるような意識の先生が多い学校でしたが、オタク的な趣味に没頭する人も多くて、私にとってはその対象が音楽であり、ヒップホップでした。英語教室をやっていた母に英語を教わったり、アメリカのヒップホップを教材にして英語を勉強したりしていました。父が新聞記者だったことも影響して、自分はアーティストにはなれないけれどアーティストのことを伝える仕事はできるかもしれないと思ったんですね。「東京で暮らしたい」という一心で上京して、クラブに通ってさまざまな人と出会ったり、ブログを書いてライターとして歩み始められるよう準備をしたりして今に至ります。ライターとして活動を始めてか

ら、母校に呼んでもらって講演をしたことがあったのですが、そのときに今は東京を目指す人が減って地元の大学に進学する人が多いと聞いて驚きました。「女の子は成功し過ぎてはダメ」みたいな景色が、今もまだ続いている場所があるのだと気付かされました。

――ジェンダーにまつわる問題を自覚するタイミングは人それぞれですが、特に男性社会では、問題をないものにされることもあるのでは？

男性と話すうえで大切だなと思うのは、特にジェンダーの問題に関しては相手の感度を考えて調整をしながら話をすることですね。ジェンダーに限らず、やはりまだ、性的マイノリティや社会的弱者に対する間違った解釈を持っている人がいることも事実。伝わるように会話をするには、こちらが歩み寄る必要があるのが現状かなと思います。それも今、少しずつ変わろうとしています。私は女性のラッパーが増えれば、国会議員にも女性が増えるんじゃないかと半ば本気で思っているんですよ。女性が思ったことを発言して、それが受け入れられたり共感を産む土壌がもっと広がる、その口火を切ろうとしているのがヒップホップなんじゃないかと思うんです。

取材後記

AFTER THE INTERVIEW

No.23

このインタビューのあと、Awich、NENE、LANA、MaRI による『Bad Bitch 美学』がリリースされ、さらにそこに AI とゆりやんレトリィバァが参加した同曲のリミックスバージョンも発表された。ジェンダーギャップが残るこの世界で、女性ラッパーたちの姿はとても逞しく見える。臆さず発言する、自分がしたいファッションをする、仲間と連帯する。環境に屈せず、甘んじず、強く生きる姿勢を表現している。

「そんな女性たちが国会の中に増えていったら、環境自体が変わるかもしれない」という発想は、ヒップホップの世界で生きる女性たちを数多く取材してきた渡辺さんの、希望に溢れる発言だ。

衆議院、参議院ともに、立候補者にも当選者にも女性の数は増えている。一般職国家公務員の中にも女性は増加傾向にあるが、役職が上がるにつれ割合は低くなる（※1）。数は増えたほうが良いが、数だけ増えても意味がない。残念だが、過去には女性議員から「女性はいくらでもウソをつける」といった蔑視発言も飛び出した。女性でミソジニーをこじらせている人の中には、それを男性社会の中で自分を守るための生存戦略として身に付けているようなケースも多い。渡辺さんの人生がヒップホップとの出会いで大きく転換したように、音楽にはリスナーの価値観を変える力があるから、女性のミソジニストにも一度ぜひ『Bad Bitch 美学』を聞かせてみたい。

※1　内閣府発表、平成 22 年版『男女共同参画白書』による

ヒットチャートにおけるジェンダーバランスを考える

ここからは特別コンテンツとして、日韓音楽コミュニケーターの筧真帆氏、音楽プロデューサーの亀田誠治氏、音楽レーベル・EMI Records の亀田裕子氏を招いたトークセッションの模様を掲載する。
このトークセッションは、2023年3月に『Women In Music』の一環として音楽業界関係者向けに行われたもので、「チャートから見るジェンダーバランス」をテーマに、筆者がモデレーターを担当した。

1時間弱という限られた時間の中で、インタビューページでもたびたび話題に上った「ヒットチャート内にジェンダーギャップが生まれているのは、女性ファンの〝推す力〟が強いのでは?」、「メッセージ性の強い女性アーティストが敬遠されるのでは?」といったさまざまな仮説を裏付けるエピソードが飛び出すなど、示唆に富む、活発な議論が行われた。

SPECIAL TALK SESSION

PROFILE

筧 真帆

日韓音楽コミュニケーター。在阪局で報道アナウンサー、ラジオ DJ を経てソウルへ移住。2004 ～ 2007 年にソウルで過ごし、現地音楽についての取材を行いながら西江大学・韓国語教育院（語学堂）を卒業後、2008 年に帰国。エージェント業と並行しながら、ライターとして『B-PASS』『Billboard JAPAN』『THE FIRST TIMES』など幅広いジャンルの媒体で執筆、LuckyFM ほか K-POP のラジオ番組等に出演。日韓の音楽業界を行き来し、アーティストの招聘を多数手がけている。

亀田誠治

音楽プロデューサー、ベーシスト。椎名林檎、スピッツ、GLAY、アイナ・ジ・エンド、神はサイコロを振らないなど、数多くのプロデュース、アレンジを手がける。2004 年に東京事変を結成。2007 年、2015 年に日本レコード大賞編曲賞、2021 年には日本アカデミー賞優秀音楽賞を受賞。他、舞台音楽や、ブロードウェイミュージカルの日本公演総合プロデューサーを担当。2019 年より親子孫3世代がジャンルを超えて音楽体験ができるフリーイベント「日比谷音楽祭」の実行委員長を務めるなど、様々な形で音楽の素晴らしさを伝えている。

亀田裕子

ユニバーサル ミュージック邦楽レーベル EMI Records 所属の A&R、音楽ディレクター。レコーディングエンジニア、アーティストマネージャーを経て現職。これまでに少女時代、Happiness、久石譲、MONSTA X、鬼束ちひろなど数多くのアーティストの作品に携わる。

2019〜2022年度性別組数推移（トップ500）

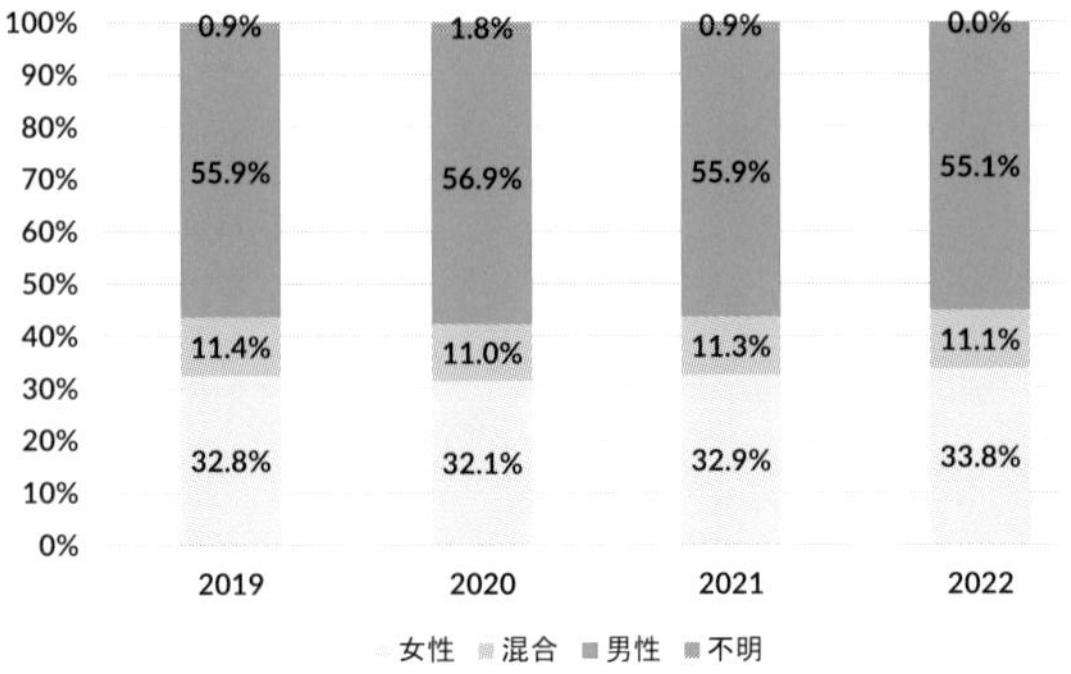

音楽業界がコロナ禍を経て V字回復する中、ジェンダーバランスの構造が変わらない不思議

――まずは、このチャートにおけるジェンダーバランスの実情について皆さんはご存知でしたか？

亀田誠治 これまでは正直、考えたことはなかったですね。この場で数字を見て初めて認識したので、皆さんとのお話の中で解決の糸口を見つけていけたらと思っております。

亀田裕子 私も普段あまりジェンダーバランスを気にしてチャートを見ていなかったので、今日はテーマの理解を深めたいと思っています。

筧真帆 私は日韓の仕事をしていて、韓国のチャートを見る機会も多いのですが、韓国ではこの5、6年〝女性が憧れるカッコいい女性〟＝〝ガールクラッシュ〟

ブームがあり、チャートの上位を占めているのはほとんどが女性です。日本の結果とは大きな違いがあるのが分かりました。

亀田誠治 グラフから読み取れることは、日本は2019年から2022年までジェンダーバランスの構造がほとんど変わっていない、むしろ女性が少し減っているということですね。コロナ禍で、音楽の聴き方や買い方には大きな変化があったはずなんですよ。音楽業界的には、コロナ禍からさまざまな要素がV字回復に向けて動いてきている中、このジェンダーの側面だけ停滞しているのはどうしてなのでしょう。

——そもそもアーティストの総数には、ジェンダーギャップはあるのでしょうか？

亀田裕子 長い間音楽業界で働いていますが、アーティストと出会うときにジェンダーバランスの不均衡を感じることはないので、あまり意識してきませんでした。でも女性はライフステージの変化によってキャリアを続けることが難しいことは事実としてあると思うので、活動時期の分断はあるのかもしれないですね。

あえて日本向けにローカライズせず、憧れられる女性像をアピールした少女時代

筧真帆 韓国はアイドル文化が盛んで訴求力があり、ファンの熱量も高いので、チャートでも上位にランクインしやすい傾向にあります。一方日本では、チャート上位に食い込んでいる女性アーティストはソロシンガーが多い印象です。個性豊かなアーティストがたくさんいますよね。

亀田裕子 韓国の女性アイドルグループを日本でデビューさせるとき、過去には日本のファンに受け入れられやすいよう、〝身近な女性像〟という方向でローカライズするプロデュース施策も実際に行われてきたと思います。例えば、本国と日本では違うミュージッ

クビデオを発表する、などですね。ただ、私自身が少女時代を担当したときには、その必要はないと判断しました。日本でも憧れられる女性像としてカリスマ性を打ち出し、彼女たちが持っている強さをアピールしたいと思ったんです。それが彼女たちの魅力ですし、今はYouTubeもあって世界的に同じタイミングでアーティストの発表を受け取れますから、あまり変化させると混乱を呼ぶでしょう。

——日本で受け入れられやすい〝身近な女性像〟が一体何なのかも気になるところですが、今や日本のファンに向けてローカライズすることがあまり意味をなさなくなってきたのは、普段インターネットを介してコンテンツを享受している身として納得できますし、そういったリスナーのネットリテラシーにも変化がありそうですね。

筧真帆 日本で男性アーティストがチャートの上位にいて集客力があるという事実が、ライブのブッキングや、雑誌の表紙などのメディア露出にも影響しています。その認識が根強いのか、K-POPのアイドルを日本のライブにブッキングしようとするときに、主催者側から女性グループよりも男性グループを希望されることがあるんです。音楽雑誌の表紙になる機会も、男性グループのほうが多い印象です。世界的に見ればK-POPは女性グループのほうが盛り上がっているので、日本は特殊なパターンですね。一方で、亀田裕子さんが手がけた少女時代のファンは、女性の割合が高かったのではないでしょうか。それまで女性アイドルに対して同性ファンが占める割合が異性ファンを凌駕するという現象はあまりなかったと思うので、その意味では少女時代の登場は時代の潮目でした。ただ今の日本では男性アイドルを〝推す〟ファンは異性である女性が多いのも事実で、チャートの上位に男性アーティストが多いのは、女性ファンの推すパワーが強いことの象徴でもあります。

亀田誠治 海外の音楽を日本に持ってくるときに「ローカライズする」という言葉が頻繁に使われるようになったのは、2000年代の頭から中盤くらいにかけてでしょうか。先ほど亀田裕子さんもおっしゃった通り、YouTubeやSNSの発信を世界で同時に享受できる今、ローカライズの呪縛に縛られていると遅れをとってしまうんじゃないかと思うんです。これは、自戒の気持ちも込めてね。

——先ほどの亀田裕子さんのお話は、〝あえて〟ローカライズしなかったということでしたが、当時はローカライズの必要性を感じていた人が周りに多かったということでしょうか？

亀田裕子 当時はまだK-POPという文化が日本に入ってきたばかりだったので、「どうしたらK-POPを聴いてもらえるか」という課題がありました。ローカライズしないことは「聴いてもらうための対策を取らない」リスクと感じ、ローカライズすべきだと考える人もいたのかもしれないですね。

日本のガールクラッシュの流行を阻むのは、「行き過ぎ」を心配するリスクヘッジおじさん？

——それから時代は変わって、今や日本でもK-POPの流行の影響を色濃く感じるようになりました。〝ガールクラッシュ〟というキーワードも出てきましたが、ガールクラッシュ的な感覚は今日本国内にどれくらい受け入れられているのでしょう。

筧真帆 音楽だけの潮流ではなくファッションやメイクまで巻き込んだカルチャーで、ファッション系のメディアでは〝ガルクラ〟という略語までも浸透しています。若い世代や、流行に敏感な人たち、カルチャーに興味がある人たちには受け入れられてきたのではないでしょうか。でもまだ市民権を得るほど、国民的に知られたワードではないですよね。

亀田誠治 これ、ぶっちゃけ我々おじさん世代がヤバいってことなんじゃないですか？

一同 （笑）

亀田誠治 先ほどリスクヘッジをすべきだと考える人がいる、というお話もありましたが、世界がどういう流れになっているか知っていたとしても、心のどこかで「これは行き過ぎだろう」とか「J-POPの中では受け入れられない」と思っているおじさんが、そういう空気を放っているのかもしれないですよね。ガールクラッシュに関しても、僕自身は知っていたけれど、自分の周りの同世代に話して正直「分かってもらえるかな」とも感じるんです。

――亀田誠治さんが旧世代を背負ってくれようとしていますが（笑）、その「やり過ぎなんじゃないか」と考える人たちがリスクヘッジとしてローカライズを求めた結果、国内のリテラシーが向上せず世界の流れとは逆を行っている、ということは仮説として考えられるかもしれないですね。これまでチャートのジェンダーバランスについて、日韓、そして世界とも比較してきましたが、そもそもチャートにジェンダーギャップがあるということの何が課題になるのかについても話していきたいです。

亀田裕子 私も今回のテーマを受けて何が課題なのか考えてみたんですが、このように「どうして課題になるのか」と考えること自体が今はとても大切なんじゃないかと思いました。社会全体がジェンダーギャップを解消していこうとしている今、音楽のチャートにもヒントが隠れているかもしれないですよね。

亀田誠治 アメリカではアリアナ・グランデやオリヴィア・ロドリゴといったアーティストたちの多くが社会問題に対して声を上げていますよね。ジェンダーギャップについてはもちろん、政治についても意見をしていて、そういう女性がチャートを制覇し、さらにライブツアーで世界を周っている。そのように、女性がそうやってレプレゼンタティブとしての力を持っているということが重要だと思うんです。例えば戦争が起きたときに反対の声を上げる必要があるのと同じで、社会で女性が生きていくのに何か問題があれば声を上げなければいけない。当事者だけの問題ではないけれど、当事者の声には力がある。その声の大きさがチャートにプラスに反映されているのは、欧米の特徴的な面だと思います。日本では、慎ましやかであることが美徳だと子供の頃から教育されている部分もまだあるかもしれませんが、声を大にして主張していくことに対して、どこかでブレーキをかけられるところがあるような気がしていて……これが、リスクヘッジをしたがる我々おじさんの弊害でもある気がしているのですが。

インディペンデントなアーティストでもビジネスが成立するのは日本の特徴

——先ほどの〝身近な女性像〟にローカライズされる傾向があるという問題も、つまりは社会に対して意見をするような強い女性像に対するリスナーの許容がない、もしくは制作側がリスナーの許容力を信じていない表れな気がしました。

亀田誠治 とはいっても、女性アーティストのジャンルでソロミュージシャンの割合が増えてきているのは希望です。欧米ではそれこそ「Women In Music」を見れば、「この女性アーティストが時代を引っ張っているんだ」と明確に分かる。日本でもこれから、そのような大きなうねりが生まれるのかもしれません。

筧 真帆 日本の音楽業界は市場も大きくて、ソロアーティストもグループもものすごくたくさん誕生していますよね。それぞれが国内のライブ集客で1つのビジネスとして成立し得る。だから必ずしもチャートで上位を狙うことを目的にしなくても、地下アイドルからでも独自のムーブメントを引き起こせる。これは、日本文化の良さだと思うんです。画一的な評価軸でクオリティの高いアイドルを目指すのではなくて、個性豊かなアイドルがいて、それらがいろいろなところに分散してビジネスが成り立っている。このビジネスモデルは、韓国では成立しません。韓国は発信するときからすでに世界をターゲットにしている場合が多いものの、生きるか死ぬか、といった成功体験しかないんです。その中で生きている人たちだけを、日本ではK-POPと呼ぶ傾向にあります。世界で活躍できるアイドルを目指す若者たちが、日本やほかのアジア圏から韓国へ渡るパターンも定番化してきましたね。私としては、K-POPの真似をしなくても、カッコいいグループやカッコいいソロミュージシャンが日本の市場から出てくる可能性に期待したいですし、発信方法さえ工夫すれば、いずれ世界に通用する女性アーティストも出てくると思います。

亀田誠治 これまでは、世界でヒットするには英語での表現がマストだという認識でしたが、K-POPのグループの台頭を受けて英語以外の母国語で歌われた曲がヒットするようになった。「英語じゃないからダメだったんだ」という言い訳が効かなくなったんですね。それよりも作品性やアイディアが注目されるようになりました。日本の音楽はアニメーションと一緒に伝わっていくことが多いですけれど、それも強みの1つでもありますね。あとは楽器に関しても、身体的な違いによって女性が不利だと言われる面もあったと思いますが、最近はTikTokで体の小さな子供が超絶技巧で楽器を演奏している様子だってたくさん上がっています。そういった映像を見ていると、身体的な違いでさえもあまり関係ないんじゃないかと僕は思ってしまうんです。

亀田裕子 私も「女性アーティストだから世界にはこの売り出し方をしよう」などジェンダーによって異なるアプローチを考えたことはありません。アーティストの個性でプランニングしています。そして、これはジェンダー問わずですが、海外に発信する際に他の国と比べて追いついていない部分がまだまだあると思っています。アーティストたちが自分の表現を頑張っている分、レコード会社の我々がやらなきゃいけないことですね。

グローバル市場での視線で磨かれたことで韓国アーティストに変化が起きた

――なるほど。「ジェンダーによって異なるアプローチを考えたことがない」というのは、「女性アーティストだから海外に発信するときにハードルがある」とは特に感じていないということですね。

亀田裕子 ないですね。「アーティストそれぞれの持っている魅力をどう伝えるか」で考えているので、「女性だから海外進出は難しいよね」という議題が上がったこともないですし、「女性だから契約は差し控えたほうがいいよね」ということもちろんないです。機会としての平等性はあると思っています。

――ますます、どうして不均衡が生まれているのか分からなくなってまいりました……! もう一度寛さんに韓国の話を聞いてみたいのですが、韓国のチャートの上位を女性たちが席巻しているのはなぜだと思われますか?

寛真帆 これも最近の話なんですよね。2000年代は、韓国のエンターテインメント業界の男尊女卑は、社会問題として取り上げられるほど酷かったんです。ヘアメイクやスタイリストは女性が多いのですが、その理由は給料が低いから。アイドルも、エロティックな表現に走って5年以内に消費されてしまう、というループが続く時代が長くありました。それが2007年に少女時代やWonder Girlsがデビューし、女性グループを性別問わずみんなが追いかける文化が韓国に生まれて、それ以降若い女性の立ち位置も少しずつ変わってきました。2018年にアメリカで始まった#metoo運動は韓国にも多大な影響を与え、エンターテインメント業界のセクハラ、パワハラが問題になりました。ものすごいスピードで世界基準に目線を合わせていったことで、自立した女性の強さがガールクラッシュとして表出し、それが世界でもちゃんと評価されていったんですね。

――韓国のアーティストやそれを抱えるエンターテインメント業界は、世界の目線に晒されたことで変化していったんですね。では、日本国内のアーティストも世界への接触がより増えていけば、表現やメッセージの発信の仕方も変わるのでしょうか?

亀田誠治 もちろん、変わるんじゃないんですか。昔は物理的に海外に行かないとできないことや資金がないとできないこともあったけれど、今は発想さえあれば、家にいながら世界基準のクオリティのものが作れるようになっていますよね。あとは筧さんのおっしゃったような発言力や行動力で、国内からどんなアクションを起こせるかというところだと思います。

アーティストもサポートする側も炎上を恐れず、社会に対して何を伝えるかが重要に

――まさに、先ほどの亀田誠治さんのメッセージを発信する強さがチャートに繋がっているという話と、筧さんのガールクラッシュが誕生した経緯の分析は関連しているようですね。

亀田誠治 日本のアーティストでも社会的なメッセージを発信している人はいるんですけれど、炎上しちゃうんですよね。でもこれ、海外のアーティストのSNSも見てみると、実はめちゃめちゃ叩かれていたりするんですよ。燃えていないわけじゃない。でも本人たちがそれを超えていくんですね。

――日本では、レコード会社とかマネージメント側、メディア側がリスクヘッジをしていくので、そういったメッセージがどんどん発信されなくなるということもあるでしょうね。燃える前から燃えないようにしようとする姿勢を感じます。

亀田裕子 メッセージを持つことは大切ですよね。これからは海外の影響力あるアーティストをロールモデルとした新しい世代が音楽を始めていきますよね。国内外の炎上をリアルタイムで体験した世代による新しい音楽がどんどん生まれていって、多様化していくんじゃないでしょうか。私たちはそういう人たちをプッシュアップしたりサポートするシステムを作らないと

いけないんですよね。

筧真帆 私、どうしてもK-POPばっかり称賛している人みたいになってしまうんですけれど、そうではなく……世界基準で見ても、日本は1人で音楽を始める個人から溢れる、豊かな個性に特徴があると思うんです。韓国はシステムが画一化されていて、アーティストを育てるところから大人たちがコンテンツ化して作っている。資本も投資されていますし、彼女たち、彼らだけのものではなくなっているんです。日本はSNSサービスの発達の助けもあって、ボカロプロデューサーやVTuberも含めバンドに至るまで、個人で始めた音楽が世界でバイラルヒットするようなことがある。ヒットの仕方自体が多様であるのを感じます。

亀田誠治 そうですね。それは日本の特徴であることは間違いないでしょう。エンターテインメントの質はすごく高いけれど、だからこそ、そこから何を伝えていくかだと思うんですよ。ジェンダーギャップが生まれる理由も関係していると思うけれど、人々の生活や社会に対して何をその表現で伝えていくかというところが、J-POPはまだ弱いんじゃないかと思います。

——何がそれを弱くしているんでしょうね。

亀田誠治 おじさんたちじゃないですか（苦笑）。おじさん代表として言いますけれど、おじさんも頑張っているけれど、育ってきた環境も違うし、難しい状況だと思います。でもこうやって話をすることでヒントを得て、変われるかもしれない。だからジェンダーだけじゃなくジェネレーションも繋いでいくのがジェンダーギャップの解消にとって重要で、音楽はそれを繋ぐ力を持っているはずです。

連載を振り返って

高嶋直子
（Billboard JAPAN 編集長）

#チャートは社会を映し出す鑑

日本版のビルボードチャートは、2008年から発表を行っています。立ち上げ当初は、CDの売上枚数とラジオのエアプレイ数という2種類のみのデータによる『JAPAN Hot 100』からスタート。その後、ダウンロード数、ストリーミング数、動画再生数、ツイート数、CDのデータをパソコンに取り込んだ回数（ルックアップ）など、集計対象となるデータを定期的に見直し、売上順のランキングではなく社会的浸透度を示すチャートを目指しました。立ち上げから15年が経過し、おかげさまで日本でも浸透してきたという手応えを感じています。

また、ビルボードの代表的なソングチャートである『Hot 100』は、日米共に毎週100位までのヒット曲をランキングとして発表しています。トップ3やトップ10ではなく100曲を発表している理由、それは我々が「多様な音楽と出会えるほうが楽しい」と考えているからです。

毎週の結果を見ていると、楽曲の内容のみならず、チャートインしている原因も多様です。ヒットアーティストが新曲をリリースしたからという理由だけでなく、タイアップした映画やドラマのヒット、フェスへの出演、SNSでのバズ。12月にはクリスマスソングがチャートインするなど季節によってもチャートは大きく変化しますし、活動休止や訃報によってCDの売上枚数やダウンロード数が伸びるなど、ファンの皆さんの想いもチャートを通じて感じることができます。このように〝社会を映し出す鑑〟とも言えるチャートですが、チャート内におけるジェンダー比では常に男性アーティストが多く、その理由とチャートが社会に与える影響を探るため、このインタビュー連載をスタートさせました。

#無意識の思い込み

連載をスタートさせて1年余りの間に、30人以上のアーティストや、音楽業界で働いている女性の方々に取材させていただきました。ご協力くださった皆さま、並びに関係者の皆さま、誠にありがとうございました。

またインタビュー以外の場所でも、さまざまな方から、お話を聞く機会をいただくことができました。多くの方から伺ったのは、「男性だから、女性だからといって特別扱いはしていない」というご意見です。確かにそうかもしれません。しかし新たな疑問も浮かびます。なぜアーティストを性別によって特別扱いしていないのに、チャートやフェスの出演者の男女比はイコールにならないのでしょうか。

この疑問に向き合う中で、1つの可能性として、もしかしたら我々の中に、アーティストのジェンダーに対するアンコンシャスバイアス（無意識の思い込み）があるのかもしれないとの推察に至りました。そして、もしかしたらBillboard JAPANが発表するチャートも、このアンコンシャスバイアスに意図せず作用している可能性があると考えたとき、この疑問と向き合う重要性を改めて認識しました。

アメリカでは2007年から、音楽業界に多大な貢献をしている女性を称えるために『Billboard Women In Music』を開催しています。日本では２０２２年９月にスタートし、このインタビュー連載のほか、ライブやトークイベントなど、さまざまな切り口で本テーマを発信してきました。

また、取り組みの一環としてBillboard JAPANでは、２０２３年８月に『Spotify EQUAL』とコラボレーション企画も実施しています。『JAPAN Hot 100』から女性アーティストの楽曲だけをピックアップしたプレイリスト『Top Female Hits Japan』をスタートさせました。このプレイリストには、さまざまなメッセージを発信している女性アーティストの楽曲が１００曲並んでおり、聴けば女性アーティストたちの音楽の多様さを改めて感じることができます。もしかしたら、アンコンシャスバイアスについて気が付くヒントになるかもしれません。

連載の書籍化に伴い１年間の歩みを改めて眺めてみると、さまざまな場面で課題が存在していることが浮き彫りになってきました。いつの日か、あらゆる音楽シーンがどのジェンダーの方にとっても等しくチャンスの与えられる場所となり、私たちがよりさまざまな音楽と出会えるようになることを祈っています。そして、近い将来、日本の音楽シーンがジェンダーフリーとなり、この『Billboard Women In Music』が使命を全うしていることを願っています。

終わりに

ヒットチャートをどう読み解くか

「チャートに、ジェンダーギャップがある」ことを初めて聞いたとき、正直に言えば「最近のチャート全然知らないな」と思ったし、男／女で区切ることに限界があるのではないか、とも感じた。

いつの間にかヒットチャートは自分とは関係ないものだと思っていた、というのは、〝ニッチでコアな音楽ファン〟を自称しているわけではなくって。流行は弱体化していて、個々人の趣味が細分化・多様化しているのは自明だろう（もっとちゃんとした分析が世に出ているはずだから、気になった人は探して読んでみてください）。そんな中でチャートにどんな意味があるのか考えると、チャートはまさに〝社会を映す鑑〟で、表向きの世論や音楽ビジネスの結果だとも言える。でも、ちょっと考えてみて。そこにジェンダーギャップがあるって、よっぽど怖くない……？　個人が日頃どのアーティストを聴くかは自由だし「女性のラップが好き」「男性ボーカルが好き」といった好みの違いがあるのも自然だ。でも、チャートにジェンダーギャップが生じる背景には、経済的に支援する側の選択があると考えたら。それが機会の不平等を生んでいるとしたら。そんな社会構造は、変わってもらわないと困る。

〝男女差〟について考えるのはいつまで？

次に男、女で区切って話をすることに関しても、思うところはある。全てのアーティストが性自認を公表しているわけではないのに、どうやって男、女に振り分けているんだろう。『紅白歌合戦』もそうだけど、性別二元論で話をするのは時代遅れだ。だから、今回こうして〝女性〟というワードを使うのも、性別二元論のバイアスに繋がるんじゃないかと葛藤した。まだこの葛藤は解決できていない。けれど、全てを包括しようとすると問題の論点がブレるのも事実だ。

例えば「Black Lives Matter（黒人の命も大切）」と叫ばれたときの話。対抗して〝All Lives Matter〟というワードが生まれたが、ここで考えるべきなのは、〝Black Lives Matter（黒人の命も大切）〟は黒人の命〝だけ〟が大切だというメッセージではないということだ。そのベースには彼らが虐げられてきた歴史があり、不平等の現実がある。〝All Lives Matter〟だからこそ、まず今は、黒人が不当に殺害された事件をきっかけに「黒人の命も大切」と声を上げるべきフェーズなのだ。これはジェンダーの問題でも同じじゃないか。

バービーランドも、理想郷じゃない

まずは当事者に話を聞こうと、30名の女性たちに会ってお話を伺った。私もそうだったように、チャートに、ジェンダーギャップがあることについては、ほとんどの人が知らなかった。知らない人が多いからこそ、その事実を伝えることに意義がある（インタビュー連載をやらせてもらえてよかった！）。〝女性の活躍〟という話を振った際の返答で、体感として一番多かった意見は「女性だけでなく、男女平等であってほしい」

というものだ。それは、その通りだ。「差別なんて感じたことがない」という人も多かった。「本当に？」と思った。政治の世界や大企業の上層部の写真を見ると、スーツを着た男性ばっかりじゃない？　ピンとこない〝女性推進〟のアイデアを押し付けられてる感じがしない？　逆に言えば、男性だって「男だから」「男たるもの」って言われているの、しんどくない？　〝女性の活躍〟のゴールは、男女の逆転ではない。現状の日本はケンランド（映画『バービー』より）状態だけど、毎晩ガールズナイトが行われているバービーランドも楽園ではない。

　この本にまとめた声は、２０２２～２０２３年の時点での話だ。「あのときは、まだこんな感じだったな」と、ジェンダーギャップが解消された未来に振り返れたら良い。もう、「女性が」という文脈で話をするのにも、本当はちょっと飽き飽きしているんだから。早くそんなこと言わなくて良いようになってほしい。その日までは、これからも（男女問わず）たくさんの人と話をして、一緒に考えていきたい。本を手に取ってくれた読者のみなさんとも、いつかどこかのライブ会場で会って話ができますように。

平井莉生

著者：平井莉生

1989 年、東京都新宿区生まれ。明治学院大学文学部芸術学科在学中より、編集アシスタントに従事。2012 年より、伊藤総研株式会社で編集・ライターとして仕事をスタート。2015 年 10 月、独立。2021 年より制作チーム「FIUME Inc.」を主宰。雑誌、ウェブ媒体の編集のほか、広告のコンテンツ制作、コピー制作、イベント企画などを行っている。並行して、さまざまな媒体で女性たちの“働き方、生き方”にまつわるインタビューを続け、これまでに話を聞いた女性は 200 人を超える。

女性たちの声は、ヒットチャートの外に
音楽と生きる女性 30名の
“今”と“姿勢”を探るインタビュー集

2023年11月1日　第1版第1刷発行

著者	平井莉生
発行者	加藤一陽、尾藤雅哉
発行所	株式会社ソウ・スウィート・パブリッシング 〒154-0023 東京都渋谷区道玄坂1-2-3 渋谷フクラス17F TEL・FAX：03-4500-9691
編集	平井莉生、加藤一陽
ブックデザイン	田口ひかり
表紙イラスト	藤原琴美
DTP	株式会社言語社
取材・編集協力	株式会社阪神コンテンツリンク Billboard JAPAN編集部、株式会社FIUME
協力	高嶋直子（Billboard JAPAN編集長）、 岡田真梨子、生武まり子、戸塚由眞 （以上、Billboard JAPAN編集部）
印刷・製本	共同印刷株式会社

Printed in Japan
ISBN978-4-9912211-3-2